哈尔滨商业大学博士科研启动金项目（2019DS015）
哈尔滨商业大学“青年创新人才”青年学术骨干支持计划（2019CX15）
国家自然科学基金项目（NSFC71372068）
教育部人文社会科学研究项目（13YJA790151）

会计准则变革下的企业投资行为研究

基于资本经营视角的理论分析与实证检验

崔　莹◎著

中国财经出版传媒集团

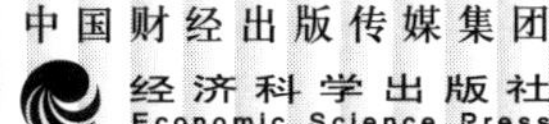

图书在版编目（CIP）数据

会计准则变革下的企业投资行为研究：基于资本经营视角的理论分析与实证检验/崔莹著．—北京：经济科学出版社，2021.5

ISBN 978－7－5218－2543－5

Ⅰ．①会…　Ⅱ．①崔…　Ⅲ．①企业－投资行为－研究－中国　Ⅳ．①F279.23

中国版本图书馆 CIP 数据核字（2021）第087867号

责任编辑：周国强
责任校对：孙　晨
责任印制：王世伟

会计准则变革下的企业投资行为研究：
基于资本经营视角的理论分析与实证检验
崔　莹　著
经济科学出版社出版、发行　新华书店经销
社址：北京市海淀区阜成路甲28号　邮编：100142
总编部电话：010－88191217　发行部电话：010－88191522
网址：www.esp.com.cn
电子邮箱：esp@esp.com.cn
天猫网店：经济科学出版社旗舰店
网址：http://jjkxcbs.tmall.com
北京季蜂印刷有限公司印装
710×1000　16开　11印张　2插页　200000字
2021年5月第1版　2021年5月第1次印刷
ISBN 978－7－5218－2543－5　定价：68.00元
（图书出现印装问题，本社负责调换。电话：010－88191510）

前　言

伴随着经济全球化、金融全球化的经济大背景，世界资本市场持续相互渗透，我国市场经济改革也在持续不断深入。在全球化背景下，各国之间的经济竞争已不仅仅是产品竞争或技术竞争，而更多体现的是一种规则竞争，包括规则制定和参与程度等方面的竞争。会计作为一种国际通用的商业语言，其重要性在经济全球化、金融全球化和世界资本市场相互渗透进程中愈加凸显，以规范会计信息为目的的会计准则国际化已经初见成效。现阶段全世界范围内，包括中国在内的各国会计准则不断趋同正是顺应了这个时代的发展趋势。在全球化经济背景下，一方面，我国企业要顺应市场经济的发展要求，通过资本经营方式借助资本市场的力量实现迅速“做大”，为企业投资积累更多资本；另一方面，更要重视会计在企业经营和管理中的作用，发挥会计的有用性，改善企业投资行为，提高企业投资效率，促进企业日益“做强”。

泽夫（Zeff，1978）的经济后果学说为扩展会计准则变革的影响范畴研究提供了理论支持，斯科特（Scott，1977）基于契约观对经济后果的细致阐述，也为探索会计准则的变革效应提供了更为广阔的研究视野。虽然比德尔和希拉里（Biddle & Hilary，2006）等一些学者已经从信息质量角度出发，研究并检验了在准则制度变化背景下，会计信息质量的提高可以提升企业投资效率，但从会计准则变革的影响范畴来看，准则变革对企业投资行为的影响应该远不止于此。安永（Ernst & Young）曾于2007年指出，会计准则变革的影响不仅限于财务报告，还会波及经营战略、风险管理和内部控制等其他方面。普华永道（Pricewaterhouse Coopers）也于2010年提出同样的观点，认为准则变革带来的理念和冲击必然会给公司的经营理念、经营管理和决策行为带来挑战。张国昌（2013）、加贺谷哲之（2013）、张先治等（2014）、杜（Du，2014）、张先治和崔莹（2015）、张先治和晏超（2015）、库马尔和凯斯瓦尔（Coommar & Kheswar，2016）、侯等（Hou et al.，2016）、贾兴飞和张先治（2016，2019）等研究先后基于多视角分析了会计准则变革对企业理念、经营方式及投资行为产生的影响，发现会计准则变革有利于引导企业面向资本市场进行价值创造、立足股东利益关注企业长远发展，进而促进企业经营方式和财务行为等发生优化改变。

投资作为企业重要财务行为之一，与会计关系密切相关，由准则变革引发的各种经济后果势必会对企业投资行为产生重要影响，并且这种影响既包括准则变革引起的短期、直接的预期效应，更具有间接、复杂的非预期效应。从已有研究来看，会计准则变革与企业投资行为及其影响因素之间存在着诸多联系，这些因素为准则变革影响企业投资行为提供了传递媒介，这种影响的重要性已逐渐引起一些学者们的关注，但尚未得到应有的重视。会计准则变化体现出的彻底性和变革性的特征，以及现行会计准则从颁布到实施已有一段时间，为检验会计准则变革对企业投资行为的影响，以及发现、探索和总结会计准则变革下企业投资行为体现出来的一些趋势性特征提供了很好的研究契机。所以，本书从资本经营视角出发，结合我国现行会计准则中体现的会计理念转变特征，构建准则变革对企业投资行为的影响路径，剖析准则变革对企业投资行为的具体影响，检验现行会计准则对企业资本经营与投资行为二者之间的影响作用与协调性等，这些都很值得挖掘与探索。

本书的逻辑思路如下：第1章主要陈述选题背景与问题提出、相关概念界定、研究意义与研究目标、研究思路与研究内容、技术路线与研究方法、研究创新与研究贡献等；第2章按照规范的文献统计方法，结合资本经营视角，对会计准则变革与企业投资行为已有研究进行了综合的、系统的梳理与回顾；第3章借助经济学、管理学和投资学等基本理论，在“经济后果学说”“制度变迁理论”“路径依赖理论”的基础理论的分析上，演绎了相关基础理论与会计准则变革、企业资本经营以及投资行为之间的基本逻辑关系；第4章主要构建了资本经营视角下的会计准则变革对企业投资行为的影响路径（包括三个具体路径），并进一步分析了会计准则变革对资本经营与企业投资行为的具体影响；第5章、第6章和第7章是实证检验部分，针对第4章中会计准则变革对企业投资行为的具体影响设计实证研究方案，用实证分别检验了基于资本经营视角下的会计准则变革对投资方式选择产生的影响、会计准则变革对企业投资结构变化产生的影响以及会计准则变革对投资效率产生的影响；第8章归纳总结了全书的主要研究结论和得到的研究启示，并进一步提出了若干针对性的政策建议，还对本书的研究局限提出了未来研究展望。

按照本书的研究思路与结构设计，形成了如下主要结论：

结论一：会计准则变革会对企业实施资本经营战略和进行投资方式选择具有促进作用和协调作用。会计准则变革是一种“自上而下”的强制性制度变迁，在现代产权制度下，由会计准则变革引发的会计信息质量提高对缓解代理冲突问题，降低交易成本，加强资本运作具有促进作用。因此，会计准则变革这种制度性变迁的重大影响会对企业的资本经营战略以及投资方式选择产生重要影响。

结论二：会计准则变革会引起企业资本结构和投资结构发生变化，以促进资本经营为目的提高总体投资水平。会计准则变革的经济后果会在企业资本循环过程中不断被巩固和加深。在企业的资本经营循环和投资过程中，管理者可以运用会计信息对资本经营和企业投资进行有效管理。因此，会计准则变革会对企业管理者产生重要影响，这种影响包括对企业资本经营管理以及投资行为的影响。资本经营管理的重要目的之一和主要内容是实现资本有效配置，从企业投资行为来看，提高总体投资水平是企业投资管理的重要目标。从资本结构和投资结构入手，构建上述影响机理的实证研究模型是进行此部分实证检验的有效途径。

结论三：会计准则变革会对企业提升投资效率（即通过提高投资水平而实现资本经营运作效益）具有促进作用。财务报告不只是一种中性的技术信息，它会对会计信息的使用者具有导向性的影响，管理者和执行者会对变化的信息做出不同反应，从而导致会计准则变革对资本经营运作和企业投资效率产生重要影响。会计准则变革对资本经营运作和投资执行行为的影响，是一种从结果上对企业资本经营和投资行为综合影响的反映，以提高投资效率、实现资本经营效益。净资产收益率（ROE）是企业资本经营的核心评价目标，从 ROE 出发进行实证研究设计是检验影响机理的关键。

结论四：资本经营是会计准则变革影响企业投资行为的重要路径。综上所述，通过对三种具体影响的理论分析以及经验检验，可以得出这个总结性的结论。会计准则变革会通过促进企业资本经营方式的转变，而对企业投资行为产生影响。如本书理论分析部分所述：现行会计准则体现的会计理念转变，会在企业资本经营和投资行为主要影响因素的作用下，引导管理者的经营理念和投资理念发生转变，从而促进企业经营方式由以商品经营为主导向以资本经营为主导发生转变，并进一步影响企业投资行为发生相应变化。在本书的理论分析与实证检验中，这种影响机理得到了充分的证明与体现。

本书的创新体现在以下三个方面：

第一，不同于以往在研究会计准则变革的经济后果方面，通常主要依赖“经济后果学说”“非对称信息理论”或制度经济学等相关理论基础，本书在这些经典理论的基础上借助于“制度变迁理论”中的“路径依赖理论”，为本书形成会计准则变革通过资本经营影响企业投资行为的基础机理寻找到更为契合的理论依据。本书最终选择借助于“经济后果学说”“制度变迁理论”“路径依赖理论”等基础理论，构建了会计准则变革、资本经营与投资行为之间的影响路径，分析了三者之间的作用机理，形成了本书理论分析部分的主体研究思路与研究脉络。

第二，以现行会计准则的具体变化为根本，总结了会计准则的主要变化，并从理念变化层面高度概括出现行会计准则体现的三种观念转变，即由“受托责任观”向“决策有用观”转变、由“利润表观”向“资产负债表观”转变、由“历史成本观”向“公允价值观”转变。并结合会计准则变革的理念转变以及与本书主题相关的具体准则主要变化，分析会计准则变革会对资本经营产生影响，并在资本经营路径的传导下可能会对企业投资行为产生的一些影响。通过对影响路径的细分，进一步分析发现，在不同管理层次的作用下，会计准则变革可能会通过资本经营影响路径对企业的投资方式、投资结构和投资效率等方面产生影响。

第三，已有关于会计准则变革对资本经营以及对企业投资行为两两之间联系的研究本已有限，研究三者关系，构建三者联系的可直接参考文献则更为缺乏。本书在综合评述会计准则、资本经营、投资行为等研究领域相关文献的基础上，从资本经营视角出发，构建会计准则变革对企业投资行为影响的传导路径，系统剖析作用机理，借鉴国内外相关经验研究进行实证研究设计和经验检验，可以为上述三个领域及其交叉领域研究提供借鉴。

目　录

| 1 | 绪论 / 1

1.1　选题背景与问题提出 / 1
1.2　相关概念界定 / 7
1.3　研究意义与研究目标 / 15
1.4　研究思路与研究内容 / 17
1.5　技术路线与研究方法 / 19
1.6　研究创新与研究贡献 / 22

| 2 | 文献综述 / 25

2.1　企业投资行为研究的文献综述 / 26
2.2　会计准则变革对企业投资行为影响的研究综述 / 29
2.3　基于资本经营视角的会计准则变革对企业投资行为影响的研究综述 / 34
2.4　国内外企业投资行为研究方法的综述 / 37
2.5　本章小结 / 41

3 资本经营视角下会计准则变革影响企业投资行为的理论基础 / 43

3.1 经济后果学说 / 44

3.2 制度变迁理论 / 49

3.3 路径依赖理论 / 52

3.4 本章小结 / 55

4 资本经营视角下会计准则变革影响企业投资行为的理论分析 / 56

4.1 资本经营视角下会计准则变革对企业投资行为影响路径的构建 / 56

4.2 资本经营视角下会计准则变革对企业投资行为影响路径的具体分析 / 61

4.3 资本经营视角下会计准则变革对企业投资行为的具体影响 / 65

4.4 本章小结 / 67

5 会计准则变革与企业投资方式研究：以扩张型资本经营战略为例 / 70

5.1 理论分析与研究假设 / 71

5.2 研究设计 / 73

5.3 实证研究与分析 / 81

5.4 进一步检验：总体投资规模检验 / 86

5.5 稳健性检验 / 91

5.6　本章小结 / 95

6　会计准则变革与企业投资结构研究：基于资本结构的调整 / 96

6.1　理论分析与研究假设 / 96
6.2　研究设计 / 99
6.3　实证研究与分析 / 104
6.4　稳健性检验 / 111
6.5　本章小结 / 114

7　会计准则变革与企业投资效率研究：基于资本经营效益的实现 / 115

7.1　理论分析与研究假设 / 116
7.2　研究设计 / 118
7.3　实证研究与分析 / 123
7.4　稳健性检验 / 127
7.5　本章小结 / 128

8　研究结论与政策建议 / 130

8.1　主要研究结论 / 130
8.2　研究启示 / 133
8.3　政策建议 / 135
8.4　研究局限与展望 / 138

参考文献 / 140

1 绪　论

作为本书的开篇章节，本章将对本书的选题、相关概念、研究目的、研究框架、研究方法以及可能的创新等内容进行概要介绍。本章具体内容安排如下：1.1 节选题背景与问题提出；1.2 节相关概念界定；1.3 节研究意义与研究目标；1.4 节研究思路与研究内容；1.5 节技术路线与研究方法；1.6 节研究创新与研究贡献。

1.1 选题背景与问题提出

1.1.1 选题背景

自 20 世纪 70 年代的改革开放起，“做大做强”成为我国企业四十多年使用频率最高的词汇之一，市场经济的建立与完善，资本市场的形成与发展为企业做大提供了机遇，“先做大，再做强”一时间成为我国诸多企业寻求实现规模经济的首选途径。投资是企业实现快速扩张的重要渠道，合理、有效的投资行为有利于企业资本经营，可以帮助企业实现“做大做强”的奋斗目标，而盲目、非理性的投资行为则会给企业带来严重的经济损失，甚至会导致毁灭性的灾害。如果说企业的“做大”需要依靠政策支持以及适当的机遇，那么企业的“做强”则无疑要靠合理的制度约束与完善的管理机制，而在企业的制度建设中，会计已经成为越来越被关注的焦点，在企业实现经营目标和提升管理水平中发挥着愈发重要的作用。

进入21世纪之后，在经济全球化背景的驱使下，世界各国对会计发展的重视与日俱增。国际上，为了通过增加会计信息在国际经济往来中的可比性而进一步加快经济全球化的发展进程，2002年，欧盟在“关于运用国际会计准则的第1606号（2002）决议”中要求“欧盟上市公司自2005年起必须根据国际财务报告准则（IFRS）要求进行财务报表编制，披露财务报告信息”，从此，IFRS向成为全球化的会计准则目标不断推进。截至2012年，在IFRS向全球范围内推进的十年进程中取得了阶段性的进展，世界上已有一百多个国家先后采用了IFRS，其中包括G20的大部分国家。并且，在这一阶段，美国证券交易委员会（SEC）的态度也由抵制向趋同、再向趋同认可方向发生着转变，并于2014年底发表声明，考虑全面采用IFRS，并将在近期内采取行动。为了更好地取得实施效果，IFRS一直在调整，面临了一系列的新增和修订，例如，2015年新的金融工具准则IFRS9生效；2018年发布和启用了修订版的IFRS，2018年新收入准则IFRS15落地生效；2019年租赁准则IFRS16修订后生效；2020年企业合并准则IFRS3对“业务”定义也进行了再次修订。

国内方面，为了能够更好地融入世界市场体系之中，我国的各种制度都需要按照国际规则来进行修改和完善，其中会计行业的规范化更是被予以重点关注，并正在进程中提上日程。我国财政部从2005年开始，先后发布了6批共计22项会计准则的征求意见稿，并对当时执行的16项具体会计准则①进行了全面的梳理、调整和修订，最终于2006年初构建起一套企业会计准则的完善体系，会计准则体系基本实现了与国际财务报告准则（IFRS）的趋同。2006年2月财政部以“财会［2006］3号”文件形式正式颁布了现行的《企

① 16项具体会计准则是指，财政部于1997～2001年期间先后颁布的16项具体会计准则。

业会计准则》[1]，要求自2007年1月1日起首先在上市公司范围内施行，同时积极鼓励其他企业参照执行。

国际会计准则理事会（IASB）于2012年再次发布了《国际财务报告准则年度改进2011—2013（征求意见稿）》，标志着IFRS的新一轮改革进入了关键阶段。与此同时，我国的会计准则建设也继续保持着与国际会计准则的变化趋同，财政部于2012~2014年进行八项具体准则的调整，三项具体准则的修订，以及三项新的具体准则发布[2]。继2014年发布了新增或修订的八项企业会计准则之后，财政部陆续发布了六项企业会计准则解释、四项会计处理规定，及七项新增或修订的企业会计准则。2016年8月，财政部发布了《关于征求〈企业会计准则第22号——金融工具确认和计量（修订）（征求意见稿）〉等三项准则意见的函》，对《企业会计准则第22号——金融工具确认和计量（修订）（征求意见稿）》《企业会计准则第23号——金融资产转移（修订）（征求意见稿）》《企业会计准则第24号——套期会计（修订）（征求意见稿）》三项准则征求意见。2017年4月6日，财政部正式发布了《关于印发修订〈企业会计准则第22号——金融工具确认和计量〉的通知》中对上述三项准则，要求在境内外同时上市的企业以及在境外上市并采用国际财务报告准则或企业会计准则编制财务报告的企业，自2018年1月1日起施行；其他境内上市企业自2019年1月1日起施行，执行企业会计准则的非上市企业自2021年1月1日起施行。2018年12月13日，财政部发布了修订的《企业会计准则第21号——租赁》，要求在境内外同时上市的企业以及在境外上市并采用国际财务报告准则或企业会计准则编制财务报表的企业，自2019年1月1日起施行；其他执行企业会计准则的企业自2021年1月1日起施行。

正如马克思在《资本论》中指出的“过程越是按社会的规模进行……作

---

① 现行《企业会计准则》（2006）包括《企业会计准则——基本准则》和《企业会计准则第1号——存货》等三十八项具体准则。

② 2012年财政部再次印发了《企业会计准则第×号——公允价值计量（征求意见稿）》《企业会计准则第30号——财务报表列报（征求意见稿）》《企业会计准则第9号——职工薪酬（修订）（征求意见稿）》等八项调整。于2014年完成了对《企业会计准则第33号——合并财务报表》《企业会计准则第9号——职工薪酬准则》《企业会计准则第30号——财务报表列报会计准则》等具体准则的修订，并发布了《企业会计准则第39号——公允价值计量》《企业会计准则第40号——合营安排》《企业会计准则第41号——在其他主体中权益的披露》等三项新的具体准则。

为对过程的控制和观念总结的簿记就越是必要"[①]，在建立健全以"产权明晰、权责明确、政企分开、管理科学"为特征的现代企业制度进程中，会计发挥着不可替代的作用，会计信息是企业内部之间，以及企业与外界之间沟通的通用语言，并且已成为现代企业进行合理经营和理性投资的重要决策依据。会计准则的变革、新会计准则的颁布与实施势必会使会计发生革命性的变化，而这种变革必然会对企业资本经营和投资行为产生一系列深层次的影响，探寻三者之间的内在联系，扩展会计准则与企业投资行为的理论研究，本书选题肇端于此。

1.1.2 问题提出

伴随着经济全球化、金融全球化的经济大背景，世界资本市场持续相互渗透，我国市场经济改革也一直在不断深入。在此背景下的企业竞争已经超越了产品和技术的竞争，更体现出一种规则竞争，尤其是对规则制定和参与程度的竞争。会计作为一种国际通用商业语言，在经济全球化、金融全球化和世界资本市场相互渗透进程中的重要性愈加凸显，规范会计信息的会计准则国际化已经提上日程。当今世界，包括中国在内的各国会计准则不断趋同正是适应了这个趋势。在这样的经济背景之下，一方面，我国企业要顺应市场经济的发展要求，通过资本经营方式借助资本市场的力量实现迅速"做大"，为企业投资积累更多的资本；另一方面，更要重视会计在企业经营和管理中的作用，发挥会计的有用性，改善企业投资行为，提高投资效率，促进企业日益"做强"。

基于新古典经济学，经济的增长通常被看作资本投入和技术进步的函数，可见，投资是经济增长的重要决定性因素。以新古典经济学为基础研究投资行为的代表乔根森和斯蒂芬森（Jorgenson & Stephenson，1967）在较早就提出，投资行为和影响投资决策的因素对经济政策来说一样重要。我国是典型的"投资驱动型经济"，投资驱动型发展模式是促进我国经济高速增长的主要推动力。从表 1－1 的相关统计数据和图 1－1 的基本走势来看，全社会固定资产投资规模一致保持着增长的态势：第一，全社会固定资产投资比重

① 马克思．资本论（第二卷）［M］．北京：人民出版社，2004：152.

（占 GDP 的比重），由 2000 年的 33.18% 增长到 2013 年的 75.90%，环比增长基本保持在 10% 以上；第二，全社会固定资产投资总额由 2000 年的 32 917.70 亿元，发展到 2013 年的 446 294.09 亿元，翻了超过 13 倍；第三，其中用于建筑安装工程投资始终在全社会固定资产投资中占有绝对优势，从 2002 年开始一直在小幅区间内波动上扬，并且呈抬头增长趋势，设备工具器具购置投资虽然在 2008 年后略有下降，但投资占比基本保持在 20% 以上，仍属于全社会固定资产投资中的第二大类投资。

表 1－1　　2000～2013 年我国全社会固定资产投资基本情况

年份	国内生产总值	全社会固定资产投资		其中			
				建筑安装工程投资		设备工具器具购置投资	
	GDP（亿元）	总额（亿元）	占 GDP 比（%）	金额（亿元）	比例（%）	金额（亿元）	比例（%）
2000	99 214.60	32 917.70	33.18	20 536.26	62.39	7 785.62	23.65
2001	109 655.20	37 213.50	33.94	22 954.88	61.68	8 833.79	23.74
2002	120 332.70	43 499.90	36.15	26 578.89	61.10	9 884.47	22.72
2003	135 822.80	55 566.60	40.91	33 447.17	60.19	12 681.90	22.82
2004	159 878.30	70 477.43	44.08	42 803.57	60.73	16 527.01	23.45
2005	184 937.40	88 773.61	48.00	53 382.59	60.13	21 422.93	24.13
2006	216 314.40	109 998.16	50.85	66 775.83	60.71	25 563.90	23.24
2007	265 810.30	137 323.94	51.66	83 518.28	60.82	31 574.77	22.99
2008	314 045.40	172 828.40	55.03	104 958.88	60.73	40 594.06	23.49
2009	340 902.80	224 598.77	65.88	138 758.33	61.78	50 844.21	22.64
2010	401 512.80	251 683.77	62.68	155 580.54	61.82	53 842.76	21.39
2011	473 104.00	311 485.13	65.84	200 195.70	64.27	65 152.30	20.92
2012	519 470.10	374 694.74	72.13	243 617.52	65.02	77 724.15	20.74
2013	588 019.00	446 294.09	75.90	298 424.17	66.87	91 074.44	20.41

注：比例＝建筑安装工程投资金额或设备工具器具购置投资金额/全社会固定资产投资总额×100%。

资料来源：中经网数据库。

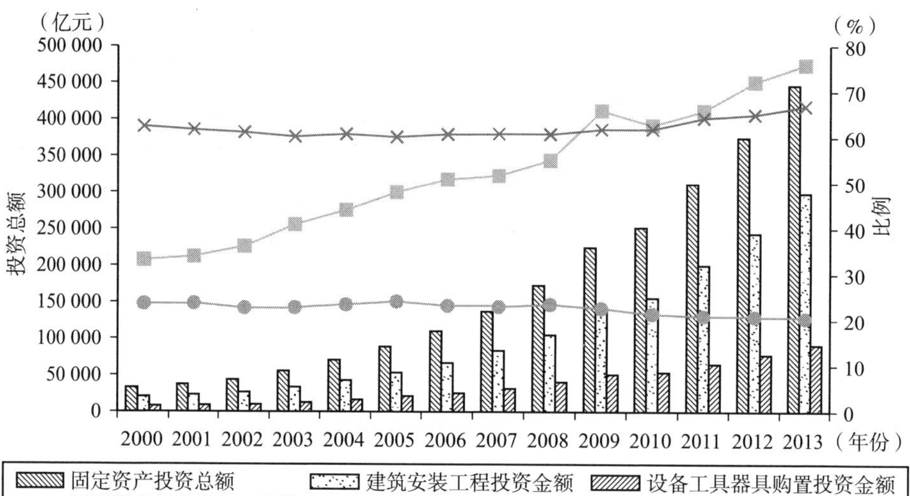

图 1－1　2000～2013 年我国全社会固定资产投资趋势

资料来源：中经网数据库。

由此可见，资本投入决定着资本增长，资本增长又影响着经济增长，使投资在经济发展中显得尤为重要，这为投资成为理论界的研究热点奠定了不可动摇的现实基础。进一步分析可以看到，宏观经济中的投资行为主要由能够创造价值的微观企业来促成，企业投资行为的有效性才是实现资本增长、促进经济发展的重要决定力量。在社会主义市场经济制度下，资本经营（capital operation）成为现代企业的重要经营方式，为企业投资迅速积累了大量资本，资本经营的有效性为企业其他经营方式（如商品经营、资产经营以及产品经营等）的运作与发展提供了可能，更为企业投资提供更多机会。会计为企业的资本经营决策和投资决策提供了信息基础，由会计准则变革引起的会计信息变化必然会对企业资本经营和投资行为产生重要影响。

虽然比德尔和希拉里（Biddle & Hilary，2006）等一些学者已经从信息质量角度出发，研究并检验了在会计准则制度背景下，会计信息质量的提高可以提升企业投资效率，但从会计准则变革的影响范畴来看，会计准则变革对企业投资行为的影响应该远不止于此。安永（Ernst & Young，EY）曾于2007年指出，准则变革的影响不仅限于财务报告，还会波及经营战略、风险管理和内部控制等其他方面；普华永道（Pricewaterhouse Coopers，PwC）也于

2010 年提出同样的观点，认为准则变革带来的理念和冲击必然会给公司的经营理念、经营管理和决策行为带来挑战。泽夫（Zeff，1978）的经济后果学说为扩展会计准则变革的影响范畴研究提供了理论支持，斯科特（Scott，1977）基于契约观对经济后果的细致阐述，更为探索会计准则的变革效应提供了广阔的研究视野。投资作为企业重要财务行为之一，与会计关系密切，由会计准则变革引发的各种经济后果势必会对企业投资行为产生重要影响，并且这种影响既包括会计准则变革引起的短期、直接的预期效应，更具有间接、复杂的非预期效应①。从已有研究来看，会计准则变革与企业投资行为及其影响因素之间存在着诸多联系，这些因素为会计准则变革影响企业投资行为提供了传递媒介，这种影响的重要性已逐渐引起一些学者们的关注，但尚未得到应有的重视。会计准则变化体现出的彻底性和变革性的特征，并且会计准则从颁布到实施已有一段时间，为检验会计准则对企业投资行为的影响，以及发现、探索和总结会计准则变革下企业投资行为体现出来的一些趋势性特征提供了很好的研究契机。所以，从资本经营视角出发，结合我国现行会计准则中体现的会计理念转变特征，构建会计准则变革对企业投资行为的影响路径，剖析现行会计准则对企业投资行为的具体影响，检验会计准则变革对企业资本经营与投资行为二者之间的影响作用与协调性等都很值得挖掘与探索。

1.2 相关概念界定

1.2.1 会计准则变革

1.2.1.1 会计准则

我国明确地提出会计准则的概念，并将其作为一个重要的会计理论问题

① 布鲁格曼（Brüggemann，2013）根据 IFRS 的目标，界定了实施 IFRS 的预期效应（intended consequences）与非预期效应（unintended consequences）；张先治和晏超（2015）根据我国《企业会计准则》（2006）的目标，进一步界定并划分了实施会计准则的预期效应和非预期效应。

进行研究，是20世纪70年代末和80年代初在会计学术界开始的。一直以来，对何为会计准则，会计学者们从不同角度有多种看法，主要有：第一，认为会计准则是关于一般通用的会计规则的公共合约；第二，认为会计准则是为实现财务报告目标而约定的一种技术手段；第三，认为会计准则是政治程序的产物。

对会计准则之所以有不同理解，主要是各自看问题的角度不同。王军（2010）认为，至少可从以下三个方面总体把握“会计准则”的内涵：第一，会计准则是反映经济活动、确认产权关系、规范收益分配的会计技术标准，是生成和提供会计信息的重要依据；第二，会计准则是资本市场的一种重要游戏规则，是实现社会资源优化配置的重要依据；第三，会计准则是国家、社会规范乃至强制性规范的重要组成部分，是政府干预经济活动、规范经济秩序和从事国际经济交往的重要手段。正因为如此，世界各国越来越重视会计准则建设并注重发挥其在社会经济活动中的作用。有学者认为，会计、审计准则，企业内部控制以及政府监管，是促进资本市场健康发展的三大支柱。①

会计准则作为一种技术规范，是一个具有严密结构和逻辑层次的完整体系。我国会计准则体系由三个部分组成：其一，基本准则，在会计准则体系中起到统领的作用，主要对会计目标、会计信息质量要求、会计假设、会计要素的确认、计量和报告原则等进行了规范，基本准则为具体准则提供了一般的处理原则；其二，具体准则，主要对企业中具体交易事项的会计处理进行规范；其三，应用指南，主要涵盖了对具体准则的解释、所有会计科目和涉及的主要账务处理等，为会计准则的执行提供了操作规范。②

1.2.1.2 会计准则变革

根据制度变迁理论，每一次会计准则变革相对于变革前的旧制度，都是一次新制度。本书将基于我国国情进行科学研究，结合本书研究主题“从资本经营视角出发，对我国会计准则下的企业投资行为进行理论分析与实证检验”，以及研究的历史阶段，本书将“会计准则变革”界定为2006年由财政部颁布的《企业会计准则》及其相关新增和修订作为研究背景，探索此次会计准则变革对企业投资行为产生的影响。

---

①② 财政部会计司编写组．企业会计准则讲解［M］．北京：人民出版社，2010.

1.2.2　企业投资行为

在投资行为研究领域中，对投资者投资行为的研究先于对企业投资行为的研究，从已有文献来看，对企业投资行为的研究虽已取得了阶段性进展，但对企业投资行为缺乏清晰、准确的定义，对企业投资行为的研究主要基于企业投资结果检验，包括对投资效率的检验，例如，非效率问题中的投资过度、投资不足等，以及对投资结构的检验，如资产配置问题等。

1.2.2.1　投资

西方国家的经济学者，一般在理论概念上将投资（investment）划分为："经济学意义的投资"与"金融学意义的投资"两大类。前者包括固定资本和流动资本在内的社会实际资本的形成与积累，也叫"实物资本投资"（又称"直接投资"）；后者主要指股票、债券等金融资产的形成与运用，也即通常所说的"证券投资"（又称"间接投资"）。《新帕尔格雷夫经济学大辞典》（1992 年）定义投资就是"资本形成——获得或创造用于生产的资源……资本主义经济中非常注重在有形资本——建筑、设备和存货方面的企业投资"。《中华金融辞库》（1998 年）中定义投资是"经济主体为获取预期收益或效益，将货币或资源等经济要素投入某一领域，以形成资产的经济活动"。《会计辞典》（2007 年）定义投资"为获得产生收入的财产、设备和其他资本性资产的支出；长期持有其他公司的证券，成为长期投资，列示在资产负债表的非流动资产部分；非常短期地持有其他公司的证券（短期投资），它们作为有价证券列示在资产负债表的流动资产部分"。

因此，一般来说，企业投资包括对内投资与对外投资：对内投资指把资金投入企业内部，用来购置生产经营用资产的投资；对外投资指企业通过现金、实物和无形资产，以及购买股票、债券等有价证券的方式，向其他单位进行投资。

1.2.2.2　投资行为

行为财务学的起源与发展，将投资行为的定义推向了一个新的发展阶段。行为财务学的最早研究可追溯到 19 世纪，以英国查尔斯·麦基（Charles Mackay）的《非同寻常的大众幻想与群众性癫狂》（1841 年）和法国古斯塔夫·勒庞（Gustave Le Bon）的《乌合之众：大众心理研究》（1895 年）两本书为标志，最先探讨了投资市场中的群体行为，成为 20 世纪后行为财务理论的研究基础。以威廉森（Williamson，1975）为代表的相关理论研究突破了早期新古典理论的局限，以新制度经济学为基础支持可供经济行为者利用的信息的有限性观点，以解释某些特定的制度环境。

正式将投资和行为学相结合进行交叉领域研究是在进入 21 世纪之后。例如，马克·赫斯基和约翰·诺芬格（Mark Hirschey & John Nofsinger，2011）在《投资学：分析与行为》中指出投资的本质是：低买高卖，利用时间构建财富；刘澄和徐明威（2012）也在《投资行为学》著作中提到投资行为学是以心理学、行为学为基础，以人们的实际决策心理为出发点，通过对投资者的投资行为特征研究，为投资者避免投资决策失误，采取正确的风险控制措施、制定正确的投资策略提供理论和实践的指导的一门学问；陆剑清（2012）的《投资行为学》主要借鉴了泰勒（Thaler，1987）和席勒（Shiller，1983，1993，2001）对投资行为学的研究贡献，支持投资行为学是指“研究人类理解信息并随之行动，并作出投资决策的学科”的观点。这些都为企业投资行为研究奠定了理论基础。

1.2.2.3 企业投资行为

在企业投资行为研究领域中，戴尔·乔根森（Dale W. Jorgenson）是先行者，乔根森（Jorgenson，1963）以新古典的最优资本积累理论为基础建立了新古典投资理论。借助欧文·费雪（Irving Fisher）的经济学理论，乔根森（Jorgenson）阐述了以资本服务的租金价格为基础的新古典投资理论，解释了资本理论与投资行为之间的关系。乔根森（Jorgenson）之后的一段时期一些学者先后运用各种方法检验和强化了新古典投资理论对企业投资行为研究的贡献。投资行为学的出现对乔根森（Jorgenson）的企业投资行为理论提出了挑战，卡尼曼等（Kahneman et al.，1998）开始把心理学成果与经济学研究有效结合，从而解释了人类在不确定条件下如何做出判断，其对反应过度和反应不足切换机制的研究都受到了广泛的关注。从此，学者们开始逐渐关注如何从心理学的角度分析企业投资行为异象问题（Odean，1998），越来越多的学者开始将投资学中研究投资者行为的方法（将心理学研究和投资决策结合起来研究企业投资行为）来解释企业投资行为中存在“异常现象”，如规模效应、均值回归、期权微笑、反应不足、过度反应、心理账户、羊群效应等。

可见，企业投资行为研究以方法研究和因素研究为主，比较缺乏对企业投资行为研究内涵的界定。而企业投资行为范畴的界定，对研究企业投资行为至关重要。关于投资行为的研究，博迪（Bodie，2010）对其研究比较系统，其认为投资的过程就是资产配置的过程，并将投资过程分为几个阶段：第一，确定投资规模阶段，在这个阶段投资者会面临用已有资产交换新的资产、追加购置新的资产和减少已持资产，投资者首先要确定资产的总规模等三种选择；第二，进行投资分析和选择阶段，投资者通过投资分析和投资选择过程来确定投资资产的种类，包括：实物资产（如房地产和商品等）和证券资产（如股票和债券等）；第三，实现资产组合阶段，通过交易活动实施拟定的投资计划，实现资产配置，完成投资过程的最后一个环节。博迪（Bodie，2010）的投资过程分析，如图1－2所示。

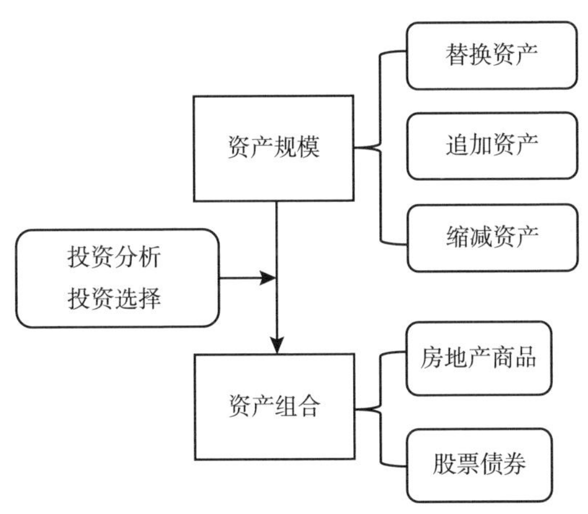

图1－2　博迪（Bodie，2010）的投资过程分析

借鉴博迪（Bodie，2010）基于投资者行为对投资过程的分析，本书分析了企业投资行为的过程，并结合企业投资行为的特点，进一步确定了企业投资行为的内涵（见图1－3），即“管理者为实现企业经营目标而在完成最佳资产配置过程中所进行的一切具体投资活动，包括制定投资战略、进行投资管理和执行投资计划，也就是指投资战略行为、投资管理行为和投资执行行为。”其中，投资战略行为是为了实现企业投资活动预期取得的期望值；投资管理行为旨在通过对投资活动的计划、组织、指挥、协调和控制，保证企业投资战略目标的实现；投资执行行为是以提高投资效率为目的，完成投资过程，实现投资计划。

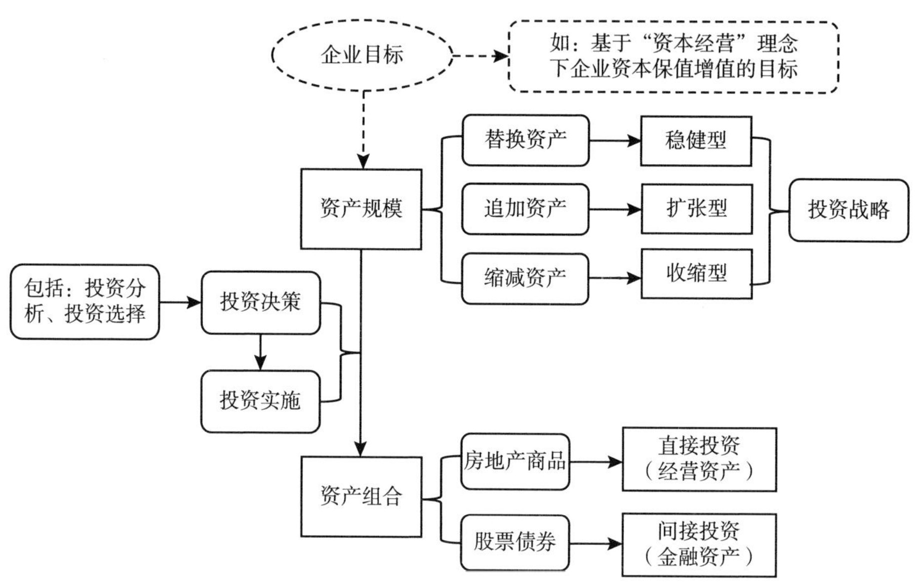

图1－3　基于博迪（Bodie，2010）投资理论对企业投资行为的分析

1.2.3　资本经营

1.2.3.1　资本

马克思（Marks，1867）的《资本论》（全称《资本论·政治经济学批判》）是研究资本内涵的经典之作。“剩余价值学说”是马克思两个重要理论贡献之一，为马克思分析资本的本质奠定了理论基础。马克思认为资本主要有三个特征：其一，资本是能够带来剩余价值的价值；其二，资本是一种运动；其三，资本是一个历史范畴，它体现资本家剥削雇佣工人的关系，是资本主义生产方式的本质范畴。货币虽然是资本的最初表现形式，但是从资本的特征来看，作为货币的货币和作为资本的货币有本质上的区别，主要体现在二者流通形式不同，其根本原因是作为货币的货币最终被消费掉了，而作为资本的货币却能够带来剩余价值，即实现了资本增值。

关于资本的定义，马克思（Marks，1867）认为资本是一种可以带来剩余价值的价值，在资本主义生产关系中，资本是一个特定的政治经济范畴，体现了资本家对工人的剥削关系。在现象上，资本表现为货币和生产资料，但只有在资本主义社会中，当劳动力成为商品，并且货币和生产资料成为资本家剥削雇佣工人的手段时，它们才转化成为资本。因此，资本不是物，而是通过物体现出来的资本家与雇佣劳动者之间的剥削与被剥削的生产关系，资本是一个历史的范畴。

根据马克思对资本的定义，企业中用以实现资本增值的货币和生产资料符合资本的特征，属于资本范畴。从会计学看，基于会计研究的角度不同，对资本的理解和定义也不同，会计研究主要涉及的资本包括权益资本、营运资本、固定资本、流动资本等（Siegel & Shim，2000）。

1.2.3.2 资本经营

马克思（Marks，1867）指出资本的生命在于运动，它只有在不断的运动中才能保存自己并得到增殖。产业中的资本运动不是一次完成的单项过程，而是一种不断重复的资本循环过程：即产业资本从一定的职能形式出发，顺次经过了购买、生产、销售三个阶段，并分别采取了货币资本、生产资本、商品资本等三种职能形式，实现了价值的增殖，并回到原来出发点的全过程。并且，无论是货币资本、生产资本还是商品资本，都是从自己特定的出发点出发，经过循环的三个阶段，再回到原来的出发点，这样便产生了三种循环形式（即货币资本循环、生产资本循环和商品资本循环），三个循环都有一个共同点：价值增殖是决定目的，是动机。

然而，关于资本经营的概念，在西方经济学里并没有给予一个清晰、独立的概念。但有关资本经营的投融资理论、并购重组理论等却在西方早有研究，一些经典理论仍然对现代研究影响至深。例如，关于投融资的 MM 理论（Modigliani & Miller，1958）、权衡理论（Myers et al.，1984）、融资优序理论（Myers et al.，1984）、代理成本理论（Jensen & Meckling，1976）、融资结构控制权理论（Aghion & Bolton，1992）等，以及关于并购重组的“资本论”（Marks，1867）、科斯定理（Coase，1937，1960）、企业核心竞争力概念（Prahalad & Hamel，1990）等一些经典理论，以及效率理论、多角化经营理论、价值低估理论、代理问题和管理主义者理论、自由现金流假说、市场势力理论、税收刺激论和财富重新分配理论等其他相关理论。这些理论分析视角不同，但关注的焦点趋于一致，即如何有效地进行投融资或并购重组，以促进企业商品经营的发展和资本的保值增值。

关于资本经营的思想是20世纪末期中国经济理论的一个重要成果。李锦较早于1995年6月21日在《东方讯报》上刊发了《资本经营试论》，指出资本是能够增值的价值，公开修改了马克思在《资本论》中强调的“资本是带来剩余价值的价值”的观点，并形成了一个相对完整的资本经营理论框架。这一提法立刻引起国内学者的广泛研究兴趣，使资本经营成为经济研究领域中的一个热门话题。

根据研究视角不同，不同学者对资本经营的界定和划分各不相同。根据研究范畴来看，资本经营有广义和狭义之分：广义的资本经营包含所有以资本增值最大化为目的的企业经营活动，包括产品经营、商品经营和资产经营；狭义的资本经营是指独立于商品经营而存在的经营方式。本书研究的是广义的资本经营范畴，主要基于张先治（2001）在《企业资本经营论——现代企业财务管理新探》中对资本经营的定义：“所谓资本经营，其特点是以资本经营战略为导向，围绕资本保值增值进行经营管理，把资本收益作为管理的核心，企业的资产经营、商品经营和产品经营都服从于资本经营目标。”资本经营的内涵是指企业以资本为基础，通过经营活动优化资源与资本配置，提高资本经营效益，包括资本流动、收购、重组、参股和控股等能实现资本增值的领域，使企业以一定的资本投入获取尽可能多的收益。

基于罗宾斯（Robbins，2004）的管理学思想，从企业的内部管理层次划分，企业的资本经营可以分为资本经营战略、资本经营管理和资本经营运作。其中，资本经营战略是指在资本经营理念下的企业战略，其根本目标是为了实现资本保值增值；资本经营管理是指通过对企业资本经营活动的计划、组织、指挥、协调和控制，保证资本经营战略的实现；资本经营运作是为达到资本经营目标而进行的并购、重组、参股和控股等能实现资本增值的资本经营活动，其主要目的是为了完成资本经营计划。

1.3 研究意义与研究目标

1.3.1 研究意义

从理论意义上看，本书基于资本经营视角，对会计准则变革下的企业投资行为进行了深入研究，扩展了已有会计准则影响研究、资本经营研究和企业投资行为研究的范畴。研究涉及了会计学、管理学以及投资学等相关领域的交叉研究。图灵奖得主姚期智曾在“2008诺贝尔奖获得者北京论坛”上指出：多学科交叉融合更有利于实现理论上的突破，所以重视交叉学科会使科学向着更深层次和更高水平方向发展。① 当前对于会计准则的研究主要集中于对准则变革预期效应的影响，如对会计信息质量的检验以及对资本市场效率的影响等，而对会计准则变革的非预期效应鲜有研究，会计准则变革的非预期效应多体现在间接影响方面，涉及与其他学科的交叉领域研究。本书主要从会计准则变革非预期效应的研究范畴入手，基于资本经营的视角构建会计准则变革与企业投资行为之间的联系。无论是对会计准则研究，还是对企业投资行为研究，抑或是企业经营管理研究都是一种对相关理论研究范畴的拓展与延伸，对上述交叉学科研究有一定的理论意义。

从现实意义看，我国现行会计准则无论从最初制定到实施，还是现阶段的新一轮调整与修订，都充分体现了与国际财务报告准则（IFRS）实质趋同的同步性。在经济全球化的现实背景下，企业既面临着向外扩张的机遇，更面临着国际市场冲击国内市场的挑战。抓住市场机遇，依靠制度建设与完善实现企业迅速“做大做强”是现代企业为适应生存而赋予管理者的使命。在企业实现现代化建设的进程中，会计的重要作用开始凸显，其在企业经营和投资活动中的地位越来越重要，而由会计准则变革引起的会计行为和会计理念变化，势必会影响企业管理者的管理理念和管理行为，并进一步影响企业的投资行为。现实中，会计信息是企业资本经营和投资决策的基础，会计准

① 姚期智：多学科交叉融合是信息技术发展的关键［EB/OL］. 清华大学交叉信息研究院，https：//iiis. tsinghua. edu. cn/zh/show-95-1. html，2008－11－13.

则变革会引起会计信息发生变化，这也必然引起依靠会计信息进行决策的资本经营和投资行为发生变化。所以，基于资本经营视角，研究会计准则对企业投资行为的影响具有重要的现实意义。

从应用价值看，本书基于对已有相关文献的梳理，对会计准则通过资本经营影响企业投资行为的路径构建与机理分析，有助于企业的公司治理层和经营管理层提高会计准则对企业资本经营与投资行为具有重要影响的认识与理解，对加强企业资本经营和财务管理对会计的重视，加深对会计准则的理解，以及主动适应和利用会计准则提高企业投资效率，加强企业资本经营管理都具有一定的影响力。此外，本书的研究结论还对我国政府加强对会计准则执行的监管力度提供了政策建议，为加强政府治理手段，引导企业规范会计准则在内部管理中的应用，提升企业经营管理水平和投资绩效具有重要作用。同时，本书对政策制定者从坚持检验会计准则的预期效应，以及关注会计准则的非预期效应两方面提出了政策建议，对进一步完善会计准则具有重要的借鉴性。本书从资本经营视角出发，构建会计准则变革对企业投资行为影响的研究思路与研究方法，对其他相关研究提供了理论借鉴和实证检验参考。所以，从上述内容看，本书具有较强的应用价值。

综上所述，本书在理论价值、现实意义和应用价值等方面都存在一定的重要性，充分体现出本书的研究意义与价值。

1.3.2 研究目标

本书以基于资本经营的视角，探索并检验会计准则变革在资本经营的作用下对企业投资行为产生的影响，此为本书的主要研究目标。并且，通过进行一定的研究结构设计，形成了三个具体研究目标。

第一，基于资本经营的视角，分析会计准则变革对企业投资行为影响的基本机理。会计准则变革、企业资本经营与投资行为三者之间建立联系的基础是什么？资本经营视角下的会计准则变革对企业投资行为的影响路径是什么？基本机理为发现会计准则变革对企业投资行为的具体影响奠定了理论基础。

第二，沿着资本经营影响路径，研究我国现行会计准则对企业投资行为产生的具体影响。我国会计准则究竟发生了哪些重要变化？这些变化对企业资本经营产生什么样的影响？在资本经营的作用下，这些变化又会怎样影响企业投资行为？具体影响是基本机理与会计准则变化相结合的应用性结果。

第三，实证检验我国会计准则变革对企业资本经营和投资行为的影响。会计准则变革对企业资本经营和投资行为的具体影响如何进行有效检验？构建什么样的研究模型？选择什么样的研究方法？实证检验是为理论分析提供了数据支持和实际验证。

1.4 研究思路与研究内容

1.4.1 研究思路

结合本书的研究主题和研究目标，本书沿着"研究基础层次—理论研究层次—实证检验层次—研究结论层次"的研究思路依次展开。

第一层次，研究基础。结合本书的研究主题与研究目标，对已有相关文献进行回顾与评述，分析研究现状（包括国外和国内），总结存在不足，并对国内外企业投资行为的主要研究方法进行综述与评述。

第二层次，理论研究。主要基于"经济后果学说""制度变迁理论""路径依赖理论"的理论基础，运用新制度经济学、投资学、管理学与会计学等学科的基本理论，形成基于资本经营视角的会计准则变革对企业投资行为影响的基本机理。

第三层次，实证检验。实证检验会计准则对企业资本经营以及投资行为的具体影响。通过经验检验证明会计准则变革对企业资本经营以及投资行为可能产生的重要影响，以进行资本经营活动的上市公司为例，对我国会计准则变革前后的经验数据进行实证检验，发现现行会计准则在我国企业资本经营和投资实践中的实施效果。

第四层次，研究结论。在上述三个层次研究的基础上概括总结本书的研究结论和研究启示，提出政策建议。并进一步指出研究不足，对未来研究进行展望。

1.4.2 研究内容

按照上述研究思路，本书共分为 8 章，具体安排如下。

第 1 章，绪论。本章主要对本书的选题背景与问题提出、相关概念界定、研究意义与研究目标、研究思路与研究内容、技术路线与研究方法、研究创新与研究贡献等进行了介绍与陈述。

第 2 章，文献综述。本章按照规范的文献统计方法，首先，进行了企业投资行为的文献综述，厘清投资行为及其影响因素的已有研究；其次，对会计准则变革对企业投资行为影响的相关研究进行文献综述，基于准则变革对企业投资行为的预期效应和非预期效应视角进行回顾和梳理；再其次，进一步聚焦于资本经营视角，分析了基于资本经营视角的会计准则变革对企业投资行为影响的已有研究，并结合本书主题按资本经营战略视角、资本经营管理视角和资本经营运作视角进行了分别综述；最后，还对国内外企业投资行为研究方法进行了综述。

第 3 章，资本经营视角下会计准则变革影响企业投资行为的理论基础。本章运用经济学、管理学、投资学和会计学等相关学科的基本理论，基于“经济后果学说”“制度变迁理论”“路径依赖理论”等理论基础，演绎了相关理论基础与会计准则变革、资本经营以及企业投资行为之间的基本逻辑关系，为后续研究提供支持理论。

第 4 章，资本经营视角下会计准则变革影响企业投资行为的理论分析。本章首先介绍了与本书研究主题相关的核心概念，并予以具体的界定。在此基础上，构建了资本经营视角下的会计准则变革对企业投资行为的影响路径。从资本经营战略、资本经营管理和资本经营运作具体视角出发，对影响路径进行了具体分析。最后分析了资本经营具体路径影响下的会计准则变革对企业投资行为的具体影响。

第 5 章，会计准则变革与企业投资方式研究：以扩张型资本经营战略为例。准则变革会通过会计行为改变，对企业资本经营战略以及投资方式选择产生影响，并直接表现为在资本经营战略的指导下，准则变革会引起企业投资方式发生变化。本章以扩张型资本经营战略为例，在上市公司中选择样本，基于资本经营战略实施的视角，研究会计准则变革对企业投资方式选择的影响。

第 6 章，会计准则变革与企业投资结构研究：基于资本结构的调整。基于资本经营管理的视角看，准则变革会引起企业的资本结构和投资结构发生变化，具体表现为企业会对资本结构进行调整，从而引起企业的投资结构发生变化。本章从上市公司中选择具有资本经营活动的企业为样本，研究会计准则变革对基于资本结构调整下的企业投资结构变化，以及总体投资水平提高的影响。

第7章，会计准则变革与企业投资效率研究：基于资本经营效益的实现。在企业的资本经营运作中，准则变革还会对企业通过提高投资水平，促进资本经营效益（核心指标 ROE）实现产生重要影响。本章在上市公司中选择进行资本经营运作（包括并购和重组）企业为样本，研究会计准则变革对企业投资效率，即通过推进投资水平提高而促进资本经营效益 ROE 实现的影响。

第8章，研究结论与政策建议。概括性总结了研究结论与研究启示，提出若干政策建议，进一步指出本书的研究不足与未来研究方向。

1.5 技术路线与研究方法

1.5.1 技术路线

按照上述设计的研究内容与逻辑关系，本书主要形成以下五个研究层次。

第一层次，第1章。主要在研究背景的基础上提出本书选题，介绍相关概念，阐述研究目标、研究思路、研究内容与研究方法等。

第二层次，第2章。主要对企业投资行为研究，会计准则变革对企业投资行为影响研究，基于资本经营视角的会计准则变革对企业投资行为影响的国内外研究现状分别进行了梳理与述评，此外还对企业投资行为的研究方法进行了综述。

第三层次，第3章和第4章。基于资本经营视角下会计准则变革影响企业投资行为的理论基础，探索基于资本经营视角下，会计准则变革对企业投资行为的影响路径，分析产生的具体影响。

第四层次，第5章、第6章和第7章。结合我国进行资本经营活动的上市公司经验数据，针对理论研究部分中形成的具体影响分析进行实证检验。

第五层次，第8章。得出本书的研究结论，介绍研究启示，并提出政策建议。

本书研究整体的结构框架与技术路线如图1-4所示。第四层次实证检验部分的具体技术路线如图1-5所示。

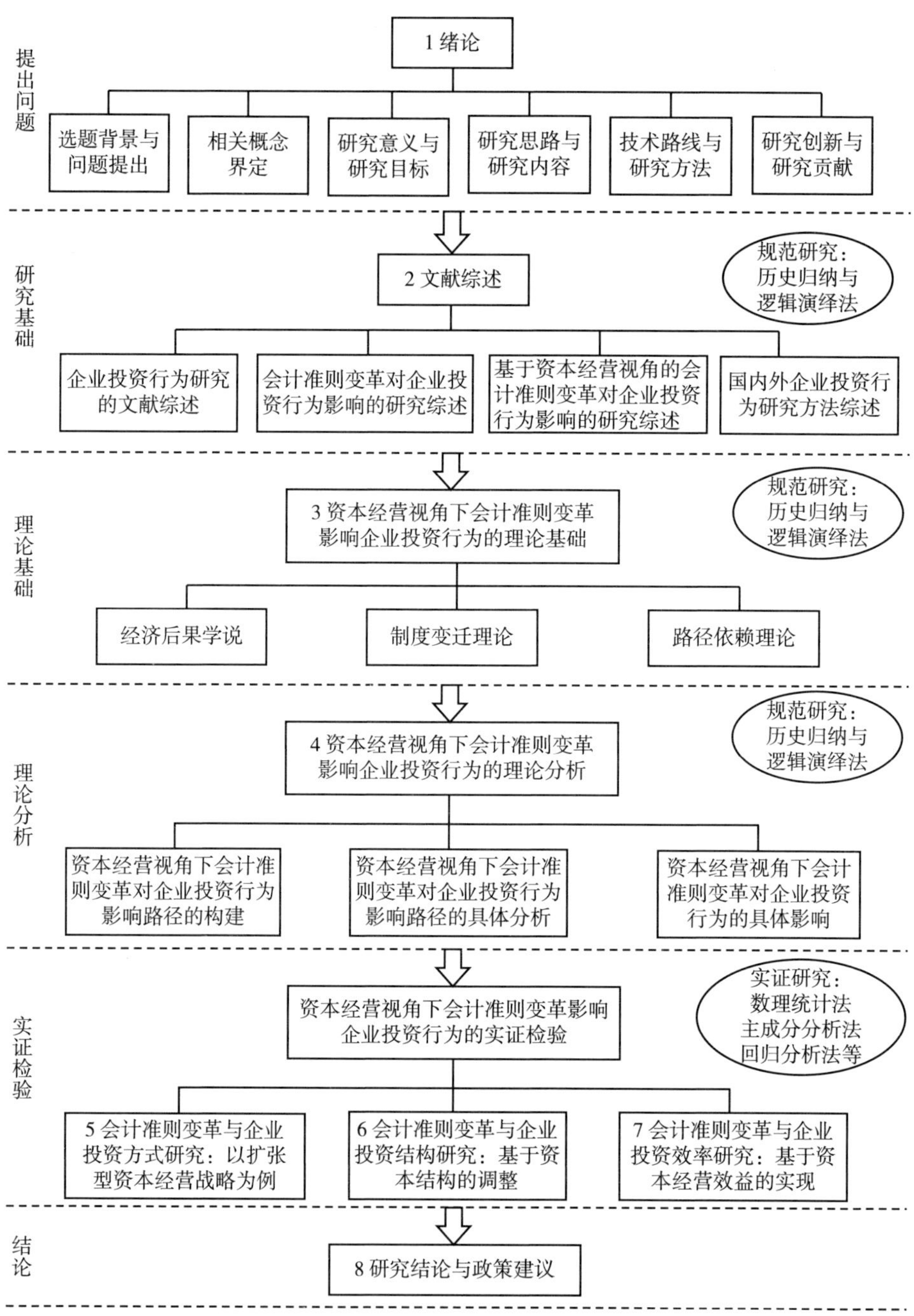

图 1－4　本书结构框架与技术路线

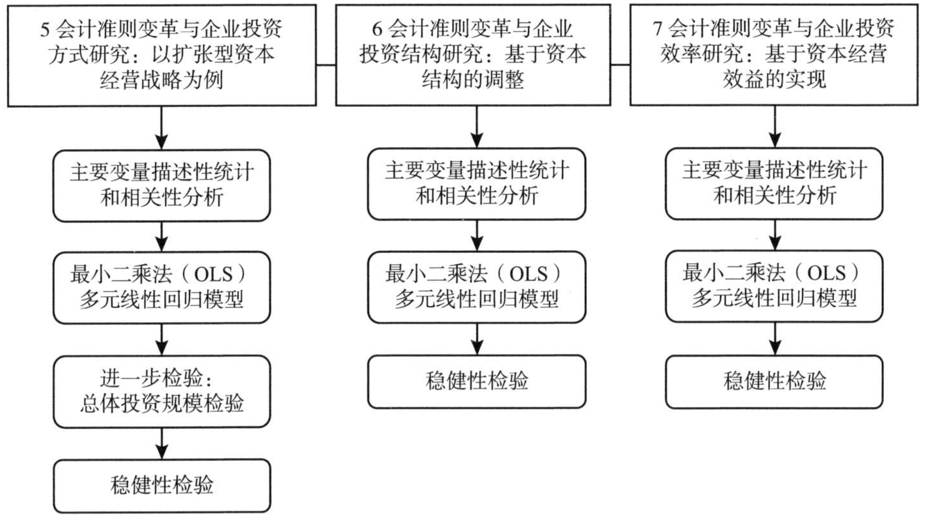

图 1－5 本书实证检验部分技术路线

1.5.2 研究方法

本书将采用规范研究和经验研究相结合的方法，结合具体研究目标，根据每部分的研究内容选择适当的研究方法，数据处理和实证检验使用 Stata 12.0 软件处理工具完成。根据各章节内容，具体安排如下：

第一，文献综述部分（第 2 章），运用规范研究，主要采用文献收集法、历史归纳和逻辑演绎法，基于国内、国外相关研究领域的代表性期刊，对与本书主题相关的涉及会计准则变革、资本经营和投资行为的已有文献进行收集与梳理，并结合本书主题形成文献综述脉络，进行文献整理、回顾与评述。

第二，理论研究部分（第 3 章和第 4 章），运用规范研究，采用历史归纳和逻辑演绎法，对“经济后果学说”“制度变迁理论”“路径依赖理论”等理论基础，应用新制度经济学、投资学、管理学与会计学等学科的基本理论，基于资本经营视角构建会计准则变革对企业投资行为的影响路径，剖析在资本经营路径影响下，会计准则变革对企业投资行为产生的具体影响。

第三，实证检验部分（第 5 章、第 6 章和第 7 章），运用实证研究，采用大样本式的文档研究方法。结合不同检验视角，进行研究设计，分析经验检验结果，基于资本经营的视角，对我国会计准则变革前后对企业投资行为的影响进行回归检验。

第四，结论与政策建议部分（第 8 章），再次运用规范研究，采用归纳演绎法形成研究结论和研究启示，提出政策建议。

1.6 研究创新与研究贡献

1.6.1 研究创新

本书在对会计准则和企业投资理论脉络进行系统梳理与评述的基础上，结合我国上市公司向资本经营转变的基本特征，从资本经营视角出发，着重从治理层、管理层和作业层的企业管理层面，较为深入地研究了会计准则在资本经营路径的作用下，对企业投资行为的影响。探究了影响路径与作用机理，结合会计准则转变的理念与会计准则变革对企业投资行为带来的预期效应与非预期效应，进一步分析和检验了这种影响的效果，弥补了国内现有研究在会计准则与企业投资行为交叉领域研究中的不足。本书可能的创新表现在以下几个方面：

第一，不同于以往在研究会计准则变革的经济后果方面时，通常主要依赖“经济后果学说”“非对称信息理论”或制度经济学等相关理论基础，本书在上述经典理论的基础上更借助于“制度变迁理论”中的“路径依赖理论”，为本书形成会计准则通过资本经营路径影响企业投资行为的基础机理寻找到更为契合的理论依据。本书最终选择借助于“经济后果学说”“制度变迁理论”和“路径依赖理论”等，构建了会计准则变革、资本经营与投资行为之间的影响路径，分析了三者之间的作用机理，形成了本书理论分析部分的主体研究思路与研究脉络。

第二，以现行会计准则的具体变化为根本，总结了会计准则的主要变化，并从理念变化层面高度概括出现行会计准则体现的三种观念转变，即由“受托责任观”向“决策有用观”转变、由“利润表观”向“资产负债表观”转变、由“历史成本观”向“公允价值观”转变。并结合会计准则变革的理念转变以及与本书主题相关的具体准则主要变化，分析会计准则会对资本经营产生影响，并在资本经营路径的传导下可能会对企业投资行为产生的一些影响。通过对影响路径的细分，进一步分析发现，在不同管理层次的作用下，会计准则变革可能会通过资本经营影响路径对企业的投资方式、投资结构和投资效率等方面产生影响。

第三，已有关于会计准则变革对资本经营，以及对企业投资行为两两之间联系的研究本已有限，研究三者关系，构建三者联系的可直接参考文献则更为缺乏。本书在综合评述会计准则、资本经营、投资行为等研究领域相关文献的基础上，从资本经营视角出发，构建会计准则变革对企业投资行为影响的传导路径，系统剖析作用机理，借鉴国内外前沿的相关经验研究进行实证研究设计和经验检验，可以为上述三个领域及其交叉领域研究提供借鉴。

1.6.2　研究贡献

基于上述的可能创新点，本书在以下方面可能存在一定贡献。

第一，在一定程度上延伸了会计准则经济后果的研究范畴，发展了会计准则变革的非预期效应研究。已有的会计准则研究更多从会计信息质量的视角，探索会计准则变革引起的会计信息变化对资本市场的影响，主要基于会计准则变革的预期效应进行研究。本书则从资本经营视角入手，研究会计准则变革对企业投资行为的影响，属于会计准则变革非预期效应的研究范畴。可以说，本书在一定程度上延伸了会计准则经济后果的研究范畴，发展了会计准则变革的非预期效应研究。

第二，在一定程度上丰富了企业投资行为的研究主题，发展了企业投资行为影响因素的理论研究。已有的企业投资行为研究更多是从公司治理视角出发，研究委托代理问题、融资约束问题、股权结构等对企业投资行为的影响，很少进一步挖掘对上述企业投资行为直接影响因素的深层次影响根源。本书从企业投资行为直接影响因素分析出发，进一步分析了会计准则变革对这些因素的影响，依此建立会计准则与企业投资行为二者间的联系，研究发现资本经营是构建二者联系的重要路径。这种发现丰富了企业投资行为的研究主题，发展了企业投资行为影响因素的理论研究，并在一定程度上延伸了企业投资行为的研究范畴。

第三，从资本经营的视角出发，系统地发现了会计准则变革对企业投资行为的影响路径及作用机理，为相关研究提供借鉴。本书在梳理企业投资行为影响因素的基础上，从资本经营的高度系统地对企业投资行为影响因素进行了划分；并结合真实企业中的组织结构层次特征，应用管理学的思想，从不同管理层次构建了会计准则变革对企业投资行为影响的具体路径。企业投资行为是企业财务管理的重要内容之一，本书的研究思路、视角和方法可以为企业其他财务行为（如融资行为和分配行为）等相关研究提供借鉴和参考。

第四，本书对会计准则变革通过资本经营引起企业投资行为变化的研究，能够启示企业所有者和经营者利用会计准则加强企业内部经营管理，形成“基于价值的管理”（value based management，VBM）式的管理模式，促进企业实现“做大做强”。本书由浅入深地分析了现行会计准则的主要变化，以及会计准则变革对企业资本经营和投资行为的重要影响，并由表及里分析会计准则变革在资本经营路径下对企业投资行为的影响机理，最后运用实证研究方法呈现了现行会计准则对企业投资行为的影响效果。这对企业所有者和经营者更深刻的理解会计准则变革，以及对运用会计准则加强企业经营管理具有很好的启示作用。

2 文献综述

本书研究建立在对相关研究领域已有文献的广泛阅读和深入理解的基础之上。针对绪论部分中确立的本书研究主题，本章将首先对企业投资行为研究进行文献综述，梳理并总结企业投资行为的影响因素，接下来会聚焦于会计准则变革对企业投资行为影响的已有研究，并对该主题进行文献综述，同时，从本书的研究视角——资本经营出发，进一步对基于资本经营视角的会计准则变革对企业投资行为影响的已有可借鉴性相关研究进行评述，最后整理的国内外企业投资行为研究方法的文献综述尤其为本书的实证研究设计奠定了理论基础。因此，本章具体内容安排如下：2.1 节企业投资行为研究的文献综述；2.2 节会计准则变革对企业投资行为影响的研究综述；2.3 节基于资本经营视角的会计准则变革对企业投资行为影响的研究综述；2.4 节国内外企业投资行为研究方法的综述；2.5 节本章小结。

2.1 企业投资行为研究的文献综述

文献综述为本书写作奠定了理论基础，而检索和阅读文献是撰写综述的重要前提工作。本书以东北财经大学图书馆、Google 学术、百度百科、人大财经论坛为实物资料与电子信息的主要来源，综合运用东北财经大学数字图书馆（中文数据库、外文数据库）与网络数据平台（Google 学术、百度百科、智库百科、SSRN 等科学搜索引擎）搜索、查找企业投资行为研究的相关文献（文献主要来源于国内、国外高水平学术期刊），共筛选出主要参考文献百余篇。

本部分将结合本书研究主题，对企业投资行为及其影响因素研究进行文献梳理与回顾，主要包括企业投资行为研究的整体现状、相关研究主题的具体综述，以及文献评述三个方面。

2.1.1 企业投资行为研究的整体现状

从已有文献来看，企业投资行为的研究国外先于国内。国外以乔根森（Jorgenson，1963）等学者为代表较早基于新古典经济学理论进行了企业投资行为研究，并形成了建立在最优资本积累理论基础上的新古典投资理论；并且，伴随行为经济学理论的不断发展，现有文献开始将心理学和行为学等研究投资者非理性行为的因素分析方法运用在企业投资行为学研究之中（Kahneman，1998），从研究影响企业投资决策行为的管理者或投资者等行为入手，分析企业投资行为异象问题。而国内对企业投资行为进行研究主要始于改革开放之初，学者们主要从研究企业投资结构入手分析（高燕，1991），研究热点集中在如何通过引导企业投资行为来实现产业结构升级，以宏观经济发展为目的的企业投资行为研究；中国加入世界贸易组织之后，为了更好地建立和完善社会主义市场经济，国内学者开始纷纷参考国外市场经济的研究成果，并陆续呈现出与国外研究话题趋同的态势。并且，国内已有越来越多的学者开始用国外的行为经济学理论来检验我国企业投资效率（张世贤，2000），进而分析企业投资行为的影响因素，并从多研究视角探索符合我国国情的企业投资行为专题研究。

2.1.2 相关研究主题的具体综述

2.1.2.1 资本经营与投资行为

以 MM 理论（Modigliani & Miller，1958）为代表，早期企业投资行为理论多建立在经济学中的完美假设基础之上，认为企业投资只与资金的使用成本、利率和投资机会等有关（Jorgenson，1963），与融资方式和治理机制无关（Lucas，1967）。

在早期企业投资行为理论研究方面，乔根森（Jorgenson）是先行者，乔根森（Jorgenson，1963）以新古典的最优资本积累理论为基础建立了新古典投资理论。乔根森（Jorgenson，1967）借助费雪（Fisher）的经济学理论，阐述了以资本服务的租金价格为基础的新古典投资理论，解释了资本理论与投资行为之间的关系，并在此基础上形成了企业投资行为理论。其后，霍尔和乔根森（Hall & Jorgenson，1967）从税收政策的视角，再次扩展了资本成本的影响因素，分析了税收对资本投资水平变化和资本支出时机选择的重要影响。纳迪里和艾斯纳（Eisner & Nadiri，1968）等一些学者也先后对新古典经济下的投资行为理论进行了检验性的理论分析。

在早期企业投资行为实证研究方面，乔根森和詹姆斯（Jorgenson & James，1967）对美国 1947 ~ 1960 年的生产企业进行了实证检验并得出结论，经济政策会影响税收结构，进而影响企业收入和资本成本，这些对企业的投资支出决策会产生重要影响，进而影响了企业的投资行为。乔根森（Jorgenson，1971）还运用数量经济学研究方法进行了严谨的数理分析，强化了数量经济学分析在企业投资行为研究中的重要意义。埃利奥特（Elliott，1973）在乔根森投资模型基础上，对美国经济 1953 ~ 1967 年的公司投资行为进行了检验分析，研究发现一些企业投资行为确实支持了乔根森的理论。此外，德莱姆斯和库尔茨（Dhrymes & Kurz，1967）在新古典经济学理论基础上分析了投资、股利分配和外部融资行为之间的关系，认为投资和股利分配强相关，常被用于投资理论模型中的加速因子和收益率因子成为企业投资行为实证研究因素分析的必要条件。比尔曼（Bierman，1970）研究并检验了企业投资决策与税收之间的关系，再次验证了税收应考虑在资本成本影响因素中的观点。

托宾 Q 理论的出现，丰富了早期企业投资行为的理论研究与实证研究。詹姆斯·托宾（Tobin，1969）把托宾 Q 定义为企业的市场价值与资本重置成本之比，它可以反映市场对于公司未来利润的预期，并对公司投资产生影响。托宾 Q 理论的出现，为与资本成本有关的投资行为研究带来了一个新的热点话题，例如，波特巴和萨默斯（Poterba & Summers，1981）等一些学者陆续将托宾 Q 引入到分析中，对与资本经营和投资有关的相关问题研究提出了新的研究方法。时至今日，MM 理论、乔根森模型和托宾 Q 理论等这些与资本成本有关的投资经典理论，仍然是国内外企业投资行为研究中最重要的理论基础（Stulz et al.，1989；李万福，2011）。

随着管理学和行为学的成熟与发展，企业投资行为研究开始步入了一个新阶段，尤其是信息不对称理论、有效市场假说与非理性行为理论的提出，向早期投资行为理论中的投资与融资、治理的无关论提出了挑战，认为企业投资行为不仅与资本成本有关，还与企业资本的经营和管理有关。例如：阿克洛夫（Akerlof，1970）最先从信息不对称角度提出了融资约束理论，认为投资与融资之间存在相关性；詹森和梅克林（Jensen & Meckling，1976）、梅耶斯和梅吉拉夫（Myers & Majluf，1984）等先后对此进行验证，并发现融资约束容易引起企业投资不足；法扎里等（Fazzari et al.，1988）提出的投资现金流敏感系数概念，引起了学者们对融资约束下投资行为的广泛关注；唐纳森和斯通（Donaldson & Stone，1984）较早提出当存在代理冲突问题时，公司治理机制会影响企业投资行为；其后拉波尔塔等（La Porta et al.，2000）、刘昌国（2006）等国内外学者也纷纷研究证明了完善的公司治理机制，可以抑制损害投资效率的非理性行为。

2.1.2.2 会计准则变革与投资行为

泽夫（Zeff，1978）的经济后果学说为扩展会计的影响范畴研究提供了理论支持，由实施会计准则引起的企业会计行为变化，会对企业投资行为产生重要影响：一方面，基于受托责任要求，会计要客观反映企业历史投资情况（Chen et al.，2013；姜英兵，2013）；另一方面，基于决策有用需求，会计还会对企业未来投资决策产生影响（Spies et al.，2005；张敦力和李琳，2011；张先治和崔莹，2015；张先治和晏超，2018）。所以，会计准则变革是企业投资行为的重要影响因素。

虽然会计准则的经济后果研究是近年会计领域的研究热点，但是准则对企业投资行为的影响研究仍略显缺乏，已有研究成果比较有限，并且研究视角也主要集中在检验财务报告信息质量对企业投资效率的影响。例如：威尔第（Verdi，2006）从融资约束出发，研究发现提高财务报告信息质量会提高企业投资效率；张敦力和李琳（2011）从检验准则变革的融资效用出发，研究发现会计稳健性的提高具有融资效用，并会引发企业投资效用；李青原（2009）基于外部审计监督视角，认为高质量会计信息能通过改善契约与监督，降低道德风险和逆向选择等信息不对称，从而提高公司投资效率，并实证检验了会计信息质量与公司投资不足和投资过度的负相关关系；张纯和吕伟（2009）从外部监督视角出发，研究发现信息披露水平提高和信息中介的发展可以减轻信息不对称程度，进而提高企业投资效率，抑制企业过度投资行为；库马尔和凯斯瓦尔（Coomar & Kheswar，2016）基于案例研究，对非洲企业采用国际会计准则对企业投资战略的影响进行了深入分析。

2.1.3 文献评述

由此可见，企业投资行为研究在国内、国外均有大量研究，是财务领域研究的热点问题。企业投资行为受多种因素影响，其中：融资与投资行为、治理与投资行为一直是该领域研究的重要主题；会计准则变革对企业投资行为的影响属于研究前沿，但现有研究成果还是略显缺乏。然而，从已有研究来看，企业投资行为的一些主要影响因素，如融资环境、治理环境、准则变革和资本市场等多与企业经营有关，也是企业资本经营的重要影响因素，这些都对本书研究提供了理论上的支持与可借鉴性参考。

2.2 会计准则变革对企业投资行为影响的研究综述

在企业投资行为研究领域中，检验企业投资结果（效率）的研究比较多（Richardson，2006；张纯，2009；韩静等，2014；袁振超和饶品贵，2018；姚立杰等，2020），而对基于过程的企业投资行为研究（Bodie，2010；魏明海，1994；汪洋等，2014）则比较缺乏，结合两个研究领域综合分析会计准则变革对企业投资行为影响（Chen et al.，2013；张敦力，2011；张先治等，2018）的文献则更为少见，已有的少量研究也仅限于对会计准则变革能否通过限制管理者行为而有效抑制投资过度或缓解投资不足等问题进行非效率投资结果的检验（Verdi，2006；Hou et al.，2016；Chen et al.，2018；李青原，2008；张纯等，2009；姜英兵等，2013；顾水彬，2013；张先治和崔莹，2014；张先治和晏超，2018）。

2.2.1 会计准则变革对企业投资行为影响研究的整体概况

泽夫（Zeff，1978）的经济后果学说为扩展会计准则的影响范畴研究提供了理论支持；斯科特（Scott，1977）基于契约观对经济后果的细致阐述，更为探索会计准则变革效应提供了广阔的研究视野；布鲁格曼（Brüggemann，2013）提出对会计准则变革的经济后果研究要综合考虑预期效应（intended consequences）与非预期效应（unintended consequences），与预期效应相比，会计准则变革的非预期效应具有更高的复杂性和不确定性，并且也具有更深的影响力。从会计准则目标出发，界定会计准则变革的预期效应与非预期效应已经得到国内外一些学者的共识（Biondi & Suzuki，2007；Brüggemann，2013；张先治和晏超，2015；顾水彬和陈佳丽，2016），区分会计准则变革的预期效应和非预期效应，对深入探索会计准则变革对企业投资的影响研究提供了更清晰的研究思路。

投资作为企业重要财务行为之一，与会计关系密切，由会计准则变革引发的各种经济后果势必会对企业投资行为产生重要影响，并且这种影响既包括会计准则变革引起的短期、直接的预期效应，更具有间接、复杂的非预期效应。从已有文献来看，会计准则变革与企业投资行为及其影响因素之间均存在诸多联系，这些因素为会计准则变革对企业投资行为非预期效应的传导提供了媒介，这种影响的重要性已逐渐引起一些学者们的关注，但尚未得到应有的重视。

2.2.2 会计准则变革下的企业投资行为研究综述

从会计准则的目标来看，会计准则变革对企业投资行为的影响具有双重性：一方面，基于受托责任要求，财务报告信息要反映企业历史投资情况（Chen et al.，2013；姜英兵，2013；顾水彬和陈佳丽，2016）；另一方面，基于决策有用需求，会计信息还会影响企业未来投资决策（Spies et al.，2005；张敦力和李琳，2011；张国昌，2013；Coomar & Kheswar，2016；贾兴飞和张先治，2019）。并且，依会计准则的目标要求进行划分，会计准则变革对企业投资行为具有预期效应和非预期效应（Brüggemann，2013；张先治和晏超，2015；顾水彬和陈佳丽，2016；张先治和石心瑜，2018；周芳和张先治，2018；贾兴飞和张先治，2019）。

2.2.2.1 会计准则变革对企业投资行为的预期效应研究

会计准则变革对企业投资行为的预期效应研究主要体现在两方面：第一，基于信息观，会计准则中的具体要求会引起会计信息变化，一些具体要求与企业投资行为有关，会直接引起企业投资行为发生变化；第二，基于政策选择观，会计准则既会要求企业对旧会计政策进行强制性变更，也给企业带来了重新选择一些会计政策的机会，这会使企业在变更会计政策的同时，影响着企业投资行为。

基于信息观，会计准则变革体现出与企业投资有关的具体要求变化，以及由此带来的会计信息变化会直接影响企业投资行为。例如：比德尔和希拉里（Biddle & Hilary，2006）实证检验了会计信息质量变化对企业投资行为的影响，研究发现包括应计质量在内的会计信息质量具有减少信息不对称的作用，可以缓解投资—现金流敏感度，对企业非效率投资有一定的抑制作用；施莱歇尔等（Schleicher et al.，2010）通过比较外部经济体与内部经济体，从现金流敏感度角度出发，对在欧洲采用 IFRS 后的财务报告信息进行了检验，结果发现在强制性采用 IFRS 之前在内部经济体的现金流敏感度要高于外部经济体，而采用 IFRS 后投资现金流敏感度在内部经济体中比在外部经济体中要降低的多，现金流敏感度的变化会影响企业投资决策，并引起企业投资行为发生变化；张然等（2008）从具体准则（《企业会计准则第 33 号：合并财务报表》）出发，研究发现会计准则变革会使合并财务报表具有更多信息含量，这些信息含量更全面地反映了企业投资情况；瓜伊（Guay，2000）用财务报告信息检验了企业投资效果，认为财务信息具有判断企业经营状况的作用，可以区别企业中的输家与赢家。

基于政策选择观，会计准则变革给企业带来了一次重新选择会计政策的机会。杰克逊（Jackson，2008）检验了会计准则变革下企业折旧方法的选择效应，即对管理者资本投资决策的影响，研究发现与加速折旧相比，直线折旧法更会导致管理者做出非价值最大化的资本投资决策；阿米尔等（Amir et al.，2010）也从具体准则分析（在英国使用 IFRS17、IAS19 以及在美国使用 SFAS158）入手，检验了新养老金披露和后续全额退休金确认在补偿金的资产配置方面的影响，研究发现这些变化引起了综合性收益和资产负债表的波动；穆勒等（Muller et al.，2008）、内尔森等（Nellessen et al.，2011）先后检验了 IFRS 中对公允价值在投资性资产使用上的影响，发现投资者对公允价值信息的需求和公司对透明度的承诺促进了准则 40 号中对投资性房地产使用“公允价值”的实施情况，并有效降低了信息不对称性；孙铮等（2006）、张然等（2007）先后研究了新旧会计准则变迁对上市公司长期资产减值准备计提和转回行为的影响，认为现行会计准则的颁布对亏损公司使用减值准备进行“大清洗”的现象有一定的遏制作用；侯等（Hou et al.，2016）对强制性执行 IFRS 之后，会计信息质量变化引起的对企业投资效率的变化进行了理论分析与实证检验。

2.2.2.2 会计准则变革对企业投资行为的非预期效应研究

会计准则变革对企业投资行为的非预期效应属于会计领域的前沿研究，可直接借鉴的研究成果比较缺乏，从已有相关文献来看，研究会计准则变革对企业投资行为的非预期效应，不仅要从会计准则的变化入手，更要结合企业投资行为的影响因素，才能更好地挖掘和建立二者之间的深层联系。

从会计准则变革对企业投资行为的非预期效应已有研究来看，也多体现在通过二者之间的中间变量建立联系，检验财务报告信息质量对企业投资效率影响。例如，威尔第（Verdi，2006）从融资约束出发，研究发现提高财务报告信息质量会提高企业投资效率；张敦力和李琳（2011）从检验准则变革的融资效用出发，研究发现会计稳健性的提高具有融资效用，并会引发企业投资效用；李青原（2009）基于外部审计监督视角，认为变革后的高质量会计信息能通过改善契约与监督，降低道德风险和逆向选择等信息不对称，从而提高公司投资效率，并实证检验了会计信息质量与公司投资不足和投资过度的负相关关系；张纯和吕伟（2009）从外部监督视角出发，研究发现变革后的信息披露水平提高和信息中介的发展可以减轻信息不对称程度，进而提高企业投资效率，抑制企业过度投资行为；陈明和顾水彬（2017）研究发现我国上市公司同时存在投资不足与投资过度现象，且两种现象下均存在投资现金流敏感性，证实了会计准则变革可以通过改善定价扭曲和逆向选择来缓解投资不足，通过改善监督不足和道德风险来抑制投资过度。

此外，从应用角度出发，部分学者还运用财务分析或数理分析证明了会计准则对企业投资行为的非预期影响效应。例如，陈等（Chen et al.，2013）运用资产收益率（ROA）差异法实证检验了实施 IFRS 对企业投资效率的影响及其引发的外部效应；张国昌（Zhang，2013）基于资本资产定价模型（CAPM），运用数理分析法论证了会计准则变化可以影响企业实际投资决策；张先治和晏超（2018）基于资本资产定价模型（CAPM）进行理论分析，发现会计准则变革与资本成本、企业投资行为之间存在逻辑关系。

2.2.3 文献评述

由此可见，国内外研究准则变革对企业投资的影响分别从 IFRS、CAS（2006）实施一段时间后才逐渐开始，已有研究成果表明准则变革对企业投资行为确实存在重要影响，但这种影响需要通过企业投资行为的一些影响因素（如融资环境、监督环境和财务管理等）在二者之间进行传导，所以准则变革对企业投资行为的影响会有时滞效应。由于会计准则变革对企业投资行为的影响研究于近几年才刚刚兴起，尚属该领域的研究前沿，已有成果还是比较缺乏，但无论从理论价值还是应用价值来看这一主题都很值得深入研究，也是准则变革效应未来研究中的重要研究方向之一。

会计准则变革对企业投资行为的预期效应研究主要集中在直接影响方面，即由具体准则变化引起的强制性会计政策变化，使企业在提供历史投资情况的信息方面发生变化，或是由于会计准则变革提供的重新选择会计政策机会，使企业在会计处理发生变化时导致的短期内企业投资结构或投资结果发生变化。目前已有研究多只是从会计准则变革出发，检验了现行会计准则对企业投资行为产生的直接影响，并没有结合企业投资行为的影响因素进行深入的探索以及更全面的剖析，而后者正是探索准则变革对企业投资行为非预期效应的关键，更是建立二者联系的重要媒介。

而从深层次剖析会计准则变革对企业投资行为的非预期效应，才是更值得深入探索的研究领域。从已有相关文献来看，会计准则变革的影响多与其他财务行为有关，如资本流动、资本筹集、资本配置和资本分配等，并且会计准则变革对企业投资行为的非预期效应还离不开企业的管理机制，会计准则变革对企业投资行为的非预期效应多受管理者理念（风格）、公司治理、盈余管理控制等方面的影响。上述这些中间因素都与企业投资行为关系密切，但是，已有研究仅从某一侧面分析了准则变革对企业投资行为的非预期效应，缺乏对这种非预期效应影响路径深入、系统的探索，这将是本书的研究重点。

2.3 基于资本经营视角的会计准则变革对企业投资行为影响的研究综述

从第 2.2 节的文献综述部分可见，会计准则变革对企业投资行为的研究尚属该领域的研究前沿。现有成果尚且有限，而从资本经营视角出发，探寻会计准则变革对企业投资行为影响的文献就更显不足。但从国内外已有的相关研究中，我们可以发现会计准则变革、资本经营与企业投资行为三者之间存在着内在联系。根据本书的研究设计，本部分将分别从资本经营战略、资本经营管理和资本经营运作三个视角出发，对会计准则变革下企业投资行为研究的相关文献进行回顾与评述。

2.3.1 会计准则变革、资本经营战略与企业投资行为研究综述

会计准则变革对企业资本经营以及投资的非预期效应，会体现在一种战略上的选择。达斯克等（Daske et al.，2013）研究检验了采用 IAS/IFRS 的经济后果，分析表明一些公司只是在名义上采取了 IAS/IFRS，而另一些公司则会根据准则变化，并且作为一种战略来提高对透明度的保证，该研究将这些公司分为“Label”和“Serious”两种采用者，研究发现“Serious”公司资本流动性增加，资本成本降低；“Label”公司并非如此，反映了会计准则带来的财务动机变化或公司向外报告战略，并不仅仅是准则或标准变化本身，还具有更深层次的战略影响。因此，会计准则会影响企业战略层，并会对企业

资本经营战略以及与其关系密切的投资战略产生重要影响，并且这种影响在“Serious”公司中会更加显著。

维里斯特等（Verriest et al.，2010）研究发现具有较强公司治理的欧洲公司在第一次采用 IFRS 后，其财务报告质量有所提高。因此，准则变革引起的财务报告信息变化直接影响着外部使用者的决策行为。布鲁格曼（Brüggemann，2010）指出 IFRS 可能通过改变薪酬激励方案和借款条款等合同而产生非预期影响，发现 IFRS 导致利益从优先股股东向普通股股东转移。可见，这种经济后果主要体现在公司治理控制方面。张纯（2009）研究发现会计准则下的信息披露水平的提高，将减轻信息不对称程度，进而提高企业的投资效率，抑制过度投资行为。沃加里斯（Voulgaris，2011）也指出会计准则是管理层激励契约的基础，会计准则变革引发企业激励契约的利益结构调整，也将引导企业相关行为（包括投资行为）的变化。库马尔和凯斯瓦尔（Coomar & Kheswar，2016）基于案例研究，对非洲企业采用国际会计准则对企业投资战略的影响进行了深入分析。

2.3.2 会计准则变革、资本经营管理与企业投资行为研究综述

会计准则变革对企业投资行为的非预期效应还与企业对资本经营的管理有关，在管理者的作用下，企业的管理机制关系着准则变革对企业投资非预期效应的异同。哈罗（Harlow，1991）使用会计信息，运用直观计量法衡量风险，从风险规避者角度出发，分析了低风险框架下的投资组合会带来更多的预期收益；德马里亚（Demaria et al.，2008）基于法国上市公司检验了第一次采用 IFRS 中的公允价值（包括 IFRS1，IAS16、38 和 40）选择与保守主义问题，认为公允价值会计的选择与管理者的保守风格有关，进而影响着企业投资风格与投资行为。

并且从盈余管理的视角来看，会计准则变革会帮助企业抑制盈余管理的滥用行为，进而提高企业投资效率。刘泉军等（2006）分析认为会计准则中公允价值的适度运用不会成为利润操纵的工具，债务重组不会被滥用，而且利用减值准备调节利润空间也越来越小；埃沃特等（Ewert et al.，2005）也检验了 IFRS 对企业盈余管理的影响，研究发现准则变革会引起管理者减少会计盈余管理行为，保护了企业的投资收益。此外，施莱歇尔等（Schleicher et al.，2010）研究发现采用 IFRS 后，内部经济体中投资现金流敏感度比外部经济体中降低得多，进一步得出采用 IFRS 可能会促进资本运作的结论。贾兴飞和张先治（2019）认为会计准则变革不仅带来了会计信息的优化，还使得会计理念发生了转变，进而影响到企业的经营方式（包括投资方式）。

2.3.3 会计准则变革、资本经营运作与企业投资行为研究综述

会计准则变革还会对企业资本经营中的资本配置和分配产生影响。例如：姜英兵等（2013）以会计稳健性为切入点，研究发现会计稳健性原则的运用能够抑制过度投资并改善投资不足问题，从而在一定程度上提高了企业的资本配置效率；娄芳等（2010）研究发现，会计准则执行之后，会计收益会影响股利政策，而不同股权结构下会计收益对现金分红的解释力度有显著差异。此外，克里斯坦森等（Christensen et al.，2007）还检验了在欧洲决定强制性采用 IFRS 之后对英国公司的经济影响，发现在企业不同经营体制下，强制性采用 IFRS 对企业投资的影响结果不同，会出现投资赢家和投资输家之分。

此外，周夏飞（2007）在现行会计准则背景下分析了不同会计处理下的经济后果，认为将资产证券化作为真实销售处理与不合并特殊目的实体（SPE）对发起人、证券投资者更有吸引力，也更有助于推动资产证券化的发展。并且，会计准则的国际趋同会促进资本流动，有利于企业进行资本经营。戈登等（Gordon et al.，2012）研究了使用 IFRS 对外国直接投资（FDI）的影响，通过对来自 124 个国家 1 300 个观察对象进行实证检验，从而得出国家要求采用 IFRS 确实会提高外国直接投资（FDI）流入的结论。布塔尔等（Butar et al.，2017）探讨了在印度尼西亚采用 IFRS 之后，对管理层股权变化以及企业投资效率方面产生的主要影响。

2.3.4 文献评述

从已有相关研究看，基于资本经营的视角，会计准则变革对企业投资行为的影响与管理者有关，会计准则变革可以通过调整契约机制来改变管理者的管理行为。而管理者在企业资本经营和投资行为中具有至关重要的作用，资本经营又对投资行为具有重要影响，所以，会计准则变革、资本经营和企

业投资行为之间存在着一种传导效应。已有研究成果虽然已经发现了准则变革效应会在薪酬契约的作用下，促进管理者改善企业经营管理行为，但并没有从更深层次，即从企业经营的视角系统地探索准则变革对企业投资行为的影响，这将是本书的研究重点。

2.4 国内外企业投资行为研究方法的综述

企业投资行为研究一直是财务领域的热点问题，对投资行为研究方法的科学选择既可以为进行实证研究提供良好支持，还能够有效验证企业投资行为的相关理论。本部分将对企业投资行为研究方法进行概述、梳理和总结，比较分析已有企业投资行为实证模型，为本书的后续研究，尤其是实证研究奠定理论基础。

2.4.1 企业投资行为研究方法概况

企业投资行为的理论研究为投资行为实证研究的研究方法奠定了基础，所以，同企业投资行为理论研究历程相似，企业投资行为研究也主要呈现出两大阶段的特点，即新古典投资模型研究阶段和新古典投资模型扩展阶段。

2.4.1.1 新古典投资模型研究

早期企业投资行为理论多建立在经济学中的完美假设基础之上，以 MM 理论（Modigliani & Miller，1958）为代表的早期企业投资理论认为，企业投资与资金的使用成本、利率和投资机会等有关（Jorgenson，1963），而与融资方式和治理机制无关（Lucas，1967）。在这一阶段的企业投资模型研究主要建立在新古典投资理论之上，比较有代表性的新古典投资模型包括：乔根森（Jorgenson，1963）提出的新古典模型（neo-classical model）和托宾（Tobin，1969）提出的托宾 Q 理论等投资实证模型。

2.4.1.2 新古典投资模型的扩展

随着管理学和行为学的成熟与发展，企业投资行为研究开始步入了一个新的阶段，尤其是信息不对称理论、有效市场假说与非理性行为理论的提出，向早期投资行为研究中的投资与融资和治理的无关论提出了挑战。阿克洛夫（Akerlof，1970）最先从信息不对称角度提出了融资约束理论，认为投资与融资之间存在相关性；詹森和梅克林（Jensen & Meckling，1976）、梅耶斯和梅吉拉夫（Myers & Majluf，1984）等先后对此进行验证，并发现融资约束容易引起企业投资不足；法扎里等（Fazzari et al.，1988）在此基础之上提出了投资现金流敏感系数概念，这引起众多学者们对融资约束下投资行为的广泛关注。此外，唐纳森和斯通（Donaldson & Stone，1984）提出当存在代理冲突问题时，公司治理机制也会影响企业投资行为。在近现代史中，随着对企业投资行为理论研究的不断拓展，在不同视角下新古典投资模型不断扩展，这一阶段比较具有代表性的研究有：FHP 模型和理查德森模型。

2.4.2 乔根森模型

乔根森（Jorgenson，1963）以新古典的最优资本积累理论为基础建立了新古典投资理论。借助欧文·费雪（Irving Fisher）的经济学理论，厂商所选择的生产计划是要使其跨时期效用最大化，在确定条件下，生产计划就是要使以最优资本积累为标准的企业净值最大化，这也是新古典经济学理论下厂商利润最大化的目标。在完美市场假设的基础上，乔根森（Jorgenson）阐述了以资本服务的租金价格为基础的新古典投资理论，解释了资本理论与投资行为之间的关系，并提出了新古典投资模型：

$$\left(\frac{I}{K}\right)_{it} = \alpha_0 + \alpha_1\left(\frac{C_k}{K}\right)_{it} + \alpha_2\left(\frac{C_k}{K}\right)_{it-1} + \varepsilon_{it} \qquad (2-1)$$

其中，I 表示投资水平；K 表示资本存量；C_k 表示资金成本。从公式（2-1）可以看出，乔根森（Jorgenson）认为在企业投资中，资本成本（尤指资金成本）是最重要的影响因素，前期和本期的资金成本决定了企业的投资水平。但是，决定企业投资能否实现的另一个重要因素是投资机会，只有当投资项目的净现值大于零时，即 $NPV>0$ 时，企业的投资才有价值。于是，阿贝尔和布兰查德（Abel & Blanchard，1983）在乔根森（Jorgenson，1963）模型的基础上提出了用销售收入（S）代替投资机会，将模型修改为：

$$\left(\frac{I}{K}\right)_{it} = \alpha_0 + \alpha_1\left(\frac{S}{K}\right)_{it} + \alpha_2\left(\frac{S}{K}\right)_{it-1} + \varepsilon_{it} \qquad (2-2)$$

2.4.3 托宾 Q 模型

托宾（Tobin，1969）仍然建立在资本市场完全性的基础之上，提出了全新的厂商投资理论，即著名的 Q 理论。托宾（Tobin）将 Q 值定义为企业资产的市场价值（即股票市场的市值）与其重置成本（即生产和购置企业资产的成本）之比。如果 Q 值大于 1，就可以说企业为社会创造了价值，因为企业创造的价值大于投入资产的成本，此时增加资本成本将小于资本收益，企业应当扩大投资；反之，当 Q 值小于 1 时，则说明企业浪费了社会资源，是"财富的缩水者"，此时继续投资将无利可图，企业投资会被抑制。将企业未来最优资本考虑到投资模型的计量中去，比较符合现实情况。所以，Q 理论的出现解决了新古典模型与销售加速模型的不足，用 Q 值表示投资机会得到广泛学者的认同，用模型表示为：

$$\left(\frac{I}{K}\right)_{it} = \alpha_0 + \alpha_1 Q_{it} + \varepsilon_{it} \qquad (2-3)$$

其中，I 表示企业投资支出；K 表示资本存量；Q 表示托宾 Q 值，为企业市场价值与重置成本的比值，代表投资机会。

2.4.4 FHP 模型

基于对托宾 Q 模型的实证检验，法扎里等（Fazzari et al.，1988）提出了分组检验的投资－现金流敏感性法。现实中的资本市场并非完美的，信息不对称理论为法扎里等（Fazzari et al.，1988）建立投资实证模型提供了理论基础。法扎里等（Fazzari et al.，1988）认为在资本市场存在缺陷时，一些公司将面临融资约束，选择托宾 Q 模型作为原假设下的基准模型，通过建立备择假设（即非完美资本市场假设），构建投资模型，更符合现实情况。因此，法扎里等（Fazzari et al.，1988）提出采用现金流量来衡量企业净值的变动，构建了一个建立在托宾 Q 模型基础上的扩展模型：

$$\left(\frac{I}{K}\right)_{it} = \alpha_0 + \alpha_1 Q_{it} + \alpha_2\left(\frac{CF}{K}\right)_{it} + \alpha_3\left(\frac{CF}{K}\right)_{it-1} \varepsilon_{it} \qquad (2-4)$$

其中，I 表示企业投资支出；K 表示资本存量；Q 表示投资机会；CF 表示现金流量。公式（2-4）由法扎里（Fazzari）、哈伯德（Hubbard）、彼得森（Petersen）三位学者共同研究并提出，因此被简称为“FHP 模型”。

2.4.5 理查德森模型

理查德森（Richardson，2006）支持法扎里等（Fazzari et al.，1988）的观点，认为投资支出与现金流的正向关系反映了资本市场的不完善（非有效性），这会使企业外部融资的成本较高，从而转向通过内部现金流来支持可行性投资。但理查德森（Richardson，2006）更主张利用会计信息来更好地估计自由现金流与过度投资，并借鉴斯特朗和梅耶（Strong & Mayer，1990）的方法对总投资进行分解；同时，将自由现金流（free cash flows）定义为超出维持正常资产与投入预期新投资的现金流部分，将过度投资（over-investment）定义为投资支出超过了用于维持正常资产与进行预期新投资（$NPV>0$ 的项目）的部分。

首先，理查德森（Richardson，2006）将总投资分解为维持正常资产的“维持性投资”和投资新项目的“新投资”：

$$I_{total,it} = CAPEX_{it} + Acquisitions_{it} + R\&D_{it} - SalePPE_{it} \tag{2-5}$$

其中，I_{total}是企业的总投资；$CAPEX$ 是资本支出；$Acquisitions$ 是并购支出；$R\&D$ 是研发支出；$SalePPE$ 是资产处置收入（如出售地产、厂房及设备等取得的收入）。进一步地，有：

$$I_{total,it} = I_{maintance,it} + I_{new,it} \tag{2-6}$$

$$I_{new,it} = I^{*}_{new,it} + I^{\varepsilon}_{new,it} \tag{2-7}$$

公式（2-6）中，$I_{maintance}$是维持性投资，即维持企业资产正常运营所需的支出，如折旧和摊销等项目合计；I_{new}是新项目投资，并且，如公式（2-7）所示，I_{new}被进一步分解为 I^{*}_{new}，即 $NPV>0$ 的新项目（预期）投资，以及 I^{ε}_{new}，即非正常（非预期）投资。在此基础上构建投资决策模型：

$$\begin{aligned} I_{new,it} = {} & \alpha + \beta_1(V/P)_{i,t-1} + \beta_2 Leverage_{i,t-1} + \beta_3 Cash_{i,t-1} + \beta_1 Age_{i,t-1} \\ & + \beta_5 Size_{i,t-1} + \beta_6 StockReturns_{i,t-1} + \beta_7 I_{new,i,t-1} \\ & + \sum YearIndicator + \sum IndustryIndicator \end{aligned} \tag{2-8}$$

公式（2－8）中，V/P 是 V_{AIP}（企业价值）与企业市场价值之比；*Leverage* 是财务杠杆（资产负债率）；*Cash* 是现金流量；*Age* 是公司上市年限；*Size* 是企业规模；*StockReturns* 是公司股票回报率；其他变量定义同上，并且该投资模型是一个在年度和行业控制下的固定效应模型。据此，可以计量企业的现金流量：

$$FCF_{it} = I^{\varepsilon}_{new,it} + \Delta Equity_{it} + \Delta Debt_{it} + \Delta FinancialAsset_{it} + OhterInv_{it} + Other_{it} \tag{2-9}$$

如公式（2－9）所示，企业的自由现金流与 I^{ε}_{new}（非正常投资）、$\Delta Equity$（当期返还给股东的现金）、$\Delta Debt$（当期返还给债务人的现金）、$\Delta Financial Asset$（当期持有现金的变化）、*OtherInv*（企业其他投资），以及 *Other*（现金流量表中没有被包含在上述变量中的部分）有关。

2.4.6 研究方法评述

新古典投资理论下的投资实证模型，如乔根森模型和托宾 Q 模型，为企业投资行为的实证检验提供了分析、计量工具，并为后续的实证研究奠定了理论基础。但建立在早期资本市场完美假设下的投资实证模型，无法对现实中企业的实际投资行为做出合理解释，计量结果也因此会出现偏差。

建立在新古典投资模型基础之上的 FHP 模型和理查德森模型，在一定程度上克服了早期完美市场假设的局限，使投资行为的实证研究更接近现实，更符合企业的实际投资情况。但基于企业投资行为的复杂性，企业投资行为研究并不可能由一个模型解决所有要研究问题。因此，进行企业投资行为的实证研究，要在借鉴已有经典模型的基础上，根据研究主题选择合适的研究方法，才更符合科学研究原则。

2.5 本章小结

有关会计准则的研究与企业投资行为的研究较多，会计准则的研究视角对集中于信息观和政策选择观，而企业投资行为的研究多集中于公司治理、融资约束与会计信息等方面。无论是国内还是国外，会计准则研究和企业投资行为研究都属于重要研究领域，也是当前的研究热点和重点。并且，资本经营始终是国外进行会计准则研究和企业投资行为研究的基本研究背景，我国从建立社会主义市场经济开始，资本经营也逐渐成为现代经济研究中的重要主题之一。然而，从已有研究看，将会计准则和企业投资行为两个领域交叉结合的研究仍略显缺乏，从资本经营视角出发，分析会计准则对企业投资行为影响的文献则更是甚少。借助于会计准则和企业投资行为两个领域的综述发现，会计准则、资本经营和企业投资行为三者之间存在着密切关联，从中间变量寻找和构建三者联系进行本书研究具有很高的可行性。

关于企业投资行为的研究方法，有很多可以借鉴的实证模型，例如，乔根森模型、托宾 Q 模型、FHP 模型、理查德森模型等。每个模型都各有特点，从企业投资行为的已有实证研究来看，理查德森模型已成为现代实证检验的主流。

3 资本经营视角下会计准则变革影响企业投资行为的理论基础

理论基础是指在一门科学理论体系中起基础性作用并具有稳定性、根本性和普遍性特点的理论原理，主要研究社会经济运动中的一般规律（或主要规律），并为应用研究提供有指导意义的共同理论基础。基于资本经营视角，研究会计准则下的企业投资行为特征，探索会计准则对企业投资行为的影响路径与内在机理，需要理清会计准则、资本经营与企业投资行为三者的基础关系。经济后果学说为会计准则的影响研究提供了理论支持，会计在企业经营和企业投资中发挥着重要作用，会计制度变化会对企业资本经营和投资行为产生深远影响。因此，制度变迁理论和路径依赖理论为本书研究提供了坚实的理论基础。本章具体内容安排如下：3.1 节首先从经济后果学说出发，分析了会计准则的经济后果、资本经营与投资行为之间的关系；3.2 节基于制度变迁理论，研究了会计准则变革事件对企业资本经营与投资行为变化的影响；3.3 节依据路径依赖理论，分析了新会计制度对企业资本经营和投资行为的长期影响；3.4 本章小结。本章提出的三个重要理论，为本书第 4 章的理论分析奠定了理论基础。

3.1 经济后果学说

兴起于20 世纪 70 年代经济后果（economic consequence）学说（Zeff，1978；Rappaport，1977；Mautz，1975）给会计准则研究提供了更广阔的研究视角（张先治，2012）。支持经济后果学说的学者们普遍认为：财务报告不再只是一种中性的技术信息，它会对使用会计信息的利益相关者产生导向性的影响作用（Tomo，2003；葛家澍，1996）。利益相关者对信息的不同反应导致了会计信息影响的复杂性，会计准则的经济后果会在这种作用下不断被延伸与扩展，其中包括会计准则对企业资本经营和投资行为的重要影响。

3.1.1 经济后果学说与会计准则变革

3.1.1.1 经济后果学说

泽夫（Zeff，1978）在《“经济后果”学说的兴起》中指出，经济后果是指会计报告对企业、政府、工会、投资者和债权人决策行为的影响，即会计报告会影响管理者和其他人的决策，而不仅仅是反映这些决策的结果。瓦茨和齐默尔曼（Watts & Zimmerman，1990）从契约观出发，指出会计政策之所以有经济后果，主要是存在报酬契约、债务契约和政治成本，因为无论是报酬契约、债务契约还是政治成本通常都以公司盈利为考察的主要依据，而会计政策对净利润有着直接影响，因此对公司管理者的决策行为也会产生潜在的影响，进而影响公司价值。

斯科特（Scott，1997）支持从契约角度出发分析经济后果的观点，并在其著作《财务会计理论》中阐述，经济后果是一个概念，它是指尽管存在有效市场理论，但会计政策的选择还是能影响公司的价值。尽管在有效的资本市场中，只要公司对其所运用的会计政策做出充分披露，市场便会识破由会计政策变动所引起的盈余变化，并对之不做出价格反应，但问题是会计政策的改变会影响公司的利润，而公司利润往往又是制定各种契约最常用的依据，因此会计政策会涉及公司的契约成本，这就可能影响经理人员的决策行为，改变公司的投资经营活动，从而影响到公司的价值。会计政策对经理人员决策行为产生的这种经济后果，主要原因是产生于公司的盈利经常被用作制定各种契约的依据。

3.1.1.2 会计准则变革的经济后果

经济后果（economic consequence）学说拓宽了会计研究领域的视角，泽夫（Zeff，1978）等提出和支持经济后果学说得到学者们的普遍认可，他们认为不同的会计选择会引发不一样的经济后果。葛家澍和杜兴强（2004）认为会计准则是一份公共契约，是通过“公共选择”的逻辑而形成的，旨在督促企业通过一套通用的财务报表提供投资者决策相关的会计信息，会计准则在一定程度上限定了企业管理层对会计政策的可选择域，遵循会计准则编制的财务报告所披露的会计信息会影响各个相关利益集团的决策行为和既得利益。布鲁格曼等（Brüggemann et al.，2013）提出制定会计准则不能只关注其对财务报告的直接影响，还要考虑到由此引发的一些更深层次的经济影响，例如：对企业价值的影响、对资本市场的影响、对经济环境的影响等，这些影响大多来自财务报告使用者对会计信息的理解、使用及其带来的各种行为反应。

在市场经济制度背景下，国际会计准则（IFRS）中财务报告的基本目标制定既体现了准则的规范性作用，还兼顾到准则的经济后果影响。布鲁格曼等（Brüggemann et al.，2013）根据IFRS的目标要求，将这些影响区分为会计准则变革的预期效应（intended consequences）和非预期效应（unintended consequences），即对财务报告的直接影响和对资本市场、宏观经济等的间接影响。我国从第一部《企业会计准则》（CAS，1992）制定开始就注重借鉴国际会计准则并尝试与国际惯例接轨，2000年颁布的《企业会计制度》重新统一了企业的会计核算制度，在制度制定上体现了与国际协调的特征。但前两次会计准则的制定尚处在经济体制改革的初级阶段，准则仍以规范会计核算为根本目的，对会计信息的使用主要体现了政府管制要求，而后期虽然兼顾了一部分其他财务报告使用者的需求，但从整体上看，旧会计准则性质仍以客观规范和政府管制为主（葛家澍，1996）。现行会计准则（CAS，2006）制定才开始比较重视会计准则的经济效应，对财务报告目标和利益相关者都有了比较清晰、具体的界定。

如图3－1所示，我国现行会计准则（CAS，2006）的基本目标更体现了经济后果观，财务报告信息不仅要通过如实反映管理层受托责任情况来实现保护投资者利益的目的，还要兼顾其他利益相关者利用财务报告信息进行经济决策的需求。该目标与基于利益相关者共同治理（stakeholder co-governance）模式的现代企业目标——企业价值最大化（enterprise value maximization）相一致。基于体现经济后果观的会计准则（CAS，2006）中对财务报告目标的要求，张先治和晏超（2015）将会计准则变革的经济后果分为预期效应（intended effect）和非预期效应（unintended effect）两大类，这种划分有利于深入研究会计准则变革的经济效应。其中会计准则变革的预期效应是指，提高财务会计报告质量，能够更好地反映企业管理层受托责任履行情况，更有利于财务会计报告使用者做出正确的经济决策的经济效应。除此之外的所有经济后果都属于非预期效应①，而非预期效应范围更广，作用更复杂，影响更深。会计准则变革对企业资本经营的影响，以及在资本经营影响下引起企业投资行为的变化主要属于会计准则变革的非预期效应研究范畴。

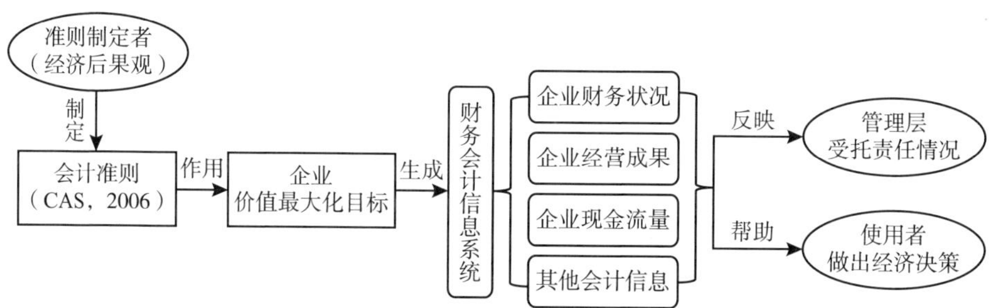

图3－1　会计准则（CAS，2006）变革的主要经济后果

3.1.2　会计准则变革的经济后果与资本经营

在内部报告生成者和外部信息使用者的双重作用下，会计准则变革的一些经济后果会通过各种途径作用到企业的经营活动当中。尤其是我国会计准

① 张先治和晏超（2015）根据我国《企业会计准则》（2006）的目标，界定并划分了实施会计准则的预期效应和非预期效应。

则与国际会计准则的实质性趋同后，经济后果观被更多渗透到现行会计准则当中，这会引起信息使用者的决策行为发生变化。其中，外部信息使用者，在契约作用的影响下，会引起企业资本经营发生变化；而内部管理者，既影响着财务报告信息的生成，也在使用会计信息，会通过对企业管理方式和管理机制的改变，使会计准则变革实现对企业资本经营的影响。并且，现行会计准则通过作用于资本市场，会在我国市场经济体制运行模式下，进一步促进企业经营方式与经营理念的转变与强化，企业开始更多地选择以资本经营的方式进行运作，这也充分体现了我国现代企业“基于价值的管理”（value based management，VBM）理念。

由资本经营方式体现的价值管理理念，其主要目的是为了实现资本的保值增值。因为，企业资本经营的基本目标就是为了实现企业的资本保值增值，并且资本增值是资本经营的根本目标，在这种目标要求下，企业资本经营要做到盘活存量资本、用好增量资本、优化资本配置、搞好资本收益分配。会计准则变革的经济后果在一定程度上促进了企业资本经营理念由“形式上转变”转向“实质性转变”。准则制定者的观念通过会计准则的方式向企业管理者和外部信息使用者渗透，在管理者主动改变以及在外部信息使用者影响下的管理者被动改变双重作用下，相关契约会发生改变。这种基于资本流向的契约变化会使管理者的资本经营理念不断深化，进而促进企业向资本经营的方式转变与深化。

3.1.3　会计准则变革的经济后果、资本经营与企业投资行为

企业投资行为与财务行为和会计行为关系密切，会计准则中的很多具体要求与企业投资有关，所以，会计准则变革的经济后果必然包括对企业投资行为的影响。基于会计准则变革的两种经济后果划分，会计准则变革对企业投资行为的影响也会具有两种经济后果：第一，会计准则变革对企业投资行为影响的预期效应。会计准则变革带来会计信息质量提高，从而可以真实反映企业历史投资水平和辅助企业做出投资决策的有利影响。第二，会计准则变革对企业投资行为影响的非预期效应。除第一种后果之外由会计准则变革引发的对企业投资行为所有其他影响。

如图 3 - 2 所示，在企业的投资活动中，管理者受出资者委托对企业的投

资行为负责，同时，管理者也是会计准则影响的核心利益相关者，所以会计准则变革对企业投资行为影响的预期效应主要受管理者行为的影响，并且这种预期影响主要体现一种直接作用和短期影响。而会计准则变革对企业投资行为的非预期效应，更多是间接效应（如在外部信息使用者的影响下，管理者对企业投资行为做出改变）或后续间接效应（如企业管理者根据历史财务报告信息影响未来投资行为）。

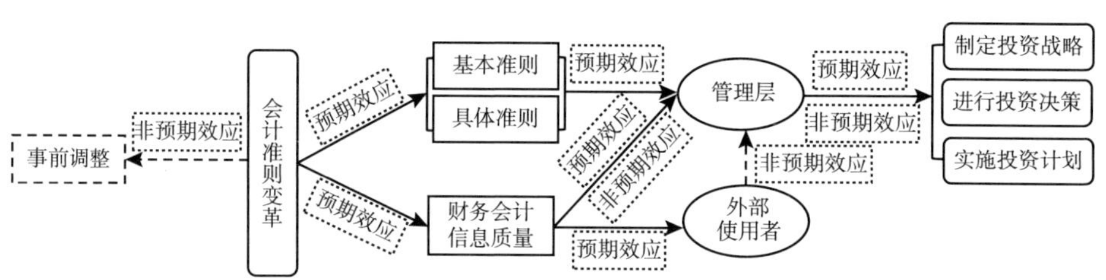

图3－2　会计准则变革对企业投资行为的预期效应与非预期效应

然而，在企业内部，资本经营属于公司层战略，投资从属于公司层战略下的财务职能战略之中，因此，通过资本经营传递现行会计准则对企业投资行为的作用更具有影响力。从资本经营视角来看，会计准则变革通过资本经营影响企业投资行为主要体现在非预期效应方面。会计准则制定主要基于管理者在与企业经营目标一致情况下的受托责任行为和决策有用行为，而现实中受管理者自利行为和非理性行为等因素影响，会计准则的目标由管理者作用到企业投资行为会产生很多非预期效应：首先，会计准则变革影响了企业管理理念的变化也在促进企业经营方式向资本经营的转变及深化，引导企业投资目标向重视企业资本保值增值方向转变，进而影响企业投资行为发生相应变化；其次，准则变革带来的信息质量提高促进了企业资本经营运作方式的顺利过渡与优化，进而会促进企业投资决策水平的提高。

因此，如图3－3所示，会计准则变革的经济后果包括对企业资本经营方式转变的影响，以及由这种转变会引起企业投资行为发生变化的影响。

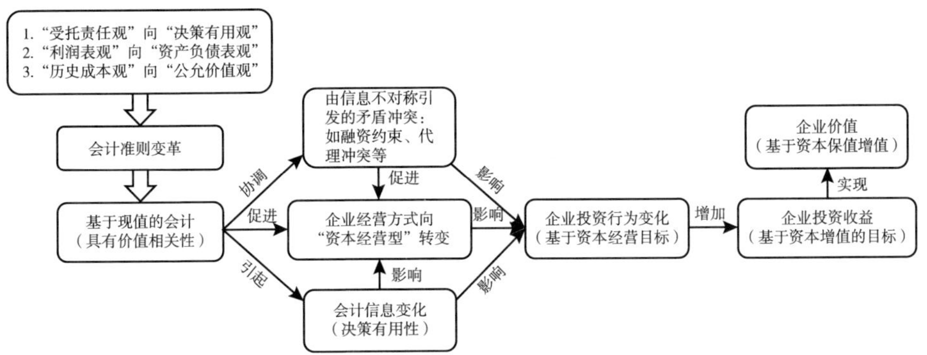

图3-3　资本经营视角下会计准则变革对企业投资行为的非预期影响

3.2　制度变迁理论

制度变迁是指旧制度被否定、扬弃或改变，由此生成新制度的动态的现实过程。制度变迁的主要目的是从一个低效率的旧制度迈向一个高效率的新制度。制度变迁理论包括制度变迁的主体、动力、方式和效率评价等方面。依据制度变迁的理论，制度变迁包括自下而上的诱致性制度变迁（也称“需求主导型”制度变迁）和自上而下的强制性制度变迁（也称“供给主导型”制度变迁）两个基本类型。从变革形式和变革影响力来看，会计准则变革是一种自上而下的强制性制度变迁，这种制度变迁会带来引发一种革命性效果，使企业的相关制度发生改变，同时更会影响企业最重要的经营方式——资本经营，以及最重要的财务活动之投资行为。

3.2.1　制度变迁理论与会计准则变革

3.2.1.1　制度变迁理论

20世纪70年代前后，旨在解释经济增长的研究受到长期经济史研究的巨大推动，最终把制度因素纳入解释经济增长中来。美国著名经济学家道格拉斯·C. 诺斯（Douglass C. North）在研究中重新发现了制度因素的重要作用，在他的《西方世界的兴起》里，诺斯认为制度因素是经济增长的关键，一种能够对个人提供有效激励的制度是保证经济增长的决定性因素，其中产权最重要。“一个有效率的经济组织在西欧的发展正是西方兴起的原因所在”。信息不对称会导致交易成本增加，而通过制度创新降低交易成本是一种有效途径。在日益复杂的交易活动中，人们的经济交往极大地依赖大家可信赖的、相当规律的行为模式。协调这些活动需要制度。

将产权理论与制度变迁结合是诺斯的一个理论贡献，诺斯（North，1981）认为，科斯（Coase，1937）等人创立的产权理论有助于解释人类历史上交易费用的降低和经济组织形式的替换。根据产权理论，在现存技术、信息成本和未来不确定因素的约束下，在充满稀缺和竞争的世界里，解决问题的成本最小的产权形式将是有效率的。竞争将使有效率的经济组织形式替代无效率的经济组织形式，为此，人类在为不断降低交易费用而努力着。有效率的产权应是竞争性的或排他性的，为此，必须对产权进行明确的界定，这有助于减少未来的不确定性因素并从而降低产生机会主义行为的可能性，否则，将导致交易或契约安排的减少。所以，产权结构会推动制度变迁：一是依靠产权结构创造有效率的市场；二是依靠产权结构推动技术进步。

3.2.1.2　制度变迁理论与会计准则变革

诺斯（North，1981）提出了制度变迁的三块基石：第一，描述一个体制中激励个人和集团的产权理论；第二，界定实施产权的国家理论；第三，影响人们对“客观”存在变化的不同反应的意识形态理论。因此，推动制度变迁的力量主要有两种，即“第一行动集团”和“第二行动集团”，两者都是决策主体。根据充当第一行动集团的经济主体的不同，可以把制度变迁分为“自下而上”的制度变迁和“自上而下”的制度变迁。所谓“自下而上”的制度变迁，是指由个人或一群人，受新制度获利机会的引诱，自发倡导、组织和实现的制度变迁，又称为诱致性制度变迁。所谓“自上而下”的制度变迁，是指由政府充当第一行动集团，以政府命令和法律形式引入和实行的制度变迁，又称为强制性制度变迁。

正式制约（如法律）、非正式制约（如习俗、宗教等）以及它们的实施，这三者共同界定了社会的尤其是经济的激励结构，制度变迁是对一种制度框架的创新和使其被打破。会计准则由国家依照相关法律法规制定，并通过强制手段制约企业遵照执行，企业可以根据会计准则的规范选择适合企业自身的会计政策，企业实现了会计准则的实施。因此，会计准则变革既属于一种具有影响力的变革事件，也体现出一种制度的变迁。并且，从会计准则的颁布与实施程序上看，会计准则变革更符合制度变迁中的强制性制度变迁原则，属于“自上而下”的强制性制度变迁。

3.2.2 会计准则变革与资本经营

会计准则变革是一种“自上而下”的强制性制度变迁，其目的是通过强制的形式上（如内容、结构、框架等）的变化，使被变革者被动接受准则变革事件，完成形式上的变革。会计准则的影响不仅限于财务报告，还会波及经营战略、风险管理和内部控制等其他方面。会计准则变革与会计理念之间存在着两次驱动与融合：一是会计准则制定时，准则制定者会计理念与会计准则变革之间的驱动与融合；二是实施会计准则后，企业会计行为与新的会计理念之间的驱动与融合。

在会计准则变革与会计理念互相驱动的影响下，会计理念和会计行为的变化最终要以会计信息改变的形式体现，会计信息是企业利益相关者（包括外部利益相关者和内部利益相关者）进行决策的重要信息基础，并且企业经营决策受利益相关者的重要影响，因此，在利益相关者的决策行为发生变化的作用下，会计准则变革会影响企业的经营方式发生改变。会计准则的颁布与实施，在满足利益相关者对财务报告信息决策有用性需求的同时，更能促进企业经营理念和经营方式继续向以资本经营为主进行转变，即以资本保值增值为基本目标，并以资本流动、收购、重组、参股和控股等为主要经营活动。

3.2.3 会计准则变革、资本经营与企业投资行为

会计准则变革会在企业资本经营和投资行为主要影响因素的作用下，引导管理者的经营理念和投资理念发生转变，从而促进企业经营方式向以资本经营为主发生转变，并进一步影响企业投资行为发生变化。

一方面，会计准则变革带来的信息质量提高促进了企业资本经营运作方式的顺利过渡与优化，由此带来企业投资决策水平的提高直接表现为企业投

资效益的增加。会计准则的国际趋同变革会促进管理者增加海外直接投资的决策行为，例如：戈登等（Gordon et al.，2012）研究了使用 IFRS 对外国直接投资（FDI）的影响，通过对来自于 124 个国家 1 300 个观察对象进行实证检验，得出国家要求采用 IFRS 确实会提高外国直接投资（FDI）流入的结论；张然等（2008）研究会计准则在合并财务报表方面的变迁对少数股东权益和损益信息含量的影响，《企业会计准则第 33 号——合并财务报表》下，少数股东权益的价值相关性显著提高，会计准则的实施使得合并财务报表具有更多信息含量。

另一方面，会计准则变革影响了企业管理理念的变化，也在促进企业经营方式向资本经营的转变及深化；同时，引导企业投资目标向重视企业资本保值增值方向转变，进而影响企业投资行为发生相应变化。例如，格雷罗等（Guerreiro et al.，2012）分析了葡萄牙大型上市公司自愿采用 IFRS 的制度性逻辑与战略性调整，借鉴奥利弗（Oliver，1991）分析式的框架研究和制度性逻辑概念研究新会计制度的压力反应的复杂性，发现公司采用 IFRS 不是盲目的制度性要求反应，而是更大程度可预见的内在特征和这种制度压力的重要性。

综上，体现制度性变迁特点的会计准则变革，会通过一种强制性变革的力量影响企业经营向资本经营方式转变，并在资本经营的作用下，进一步影响企业投资行为发生改变。

3.3 路径依赖理论

3.3.1 路径依赖理论与会计准则变革

3.3.1.1 路径依赖理论

路径依赖理论（path dependence）最初是由保罗·A. 大卫（Paul A. David）于 1985 年给出证明的；其后，W. 布莱恩·亚瑟（W. Brian Arthur）作了进一步的拓展。但亚瑟描述的路径依赖理论是指在技术变迁下具有的自我强化和自我积累的性质，亚瑟认为，新技术一般都具有报酬递增性质，新技术的占先优势会引起大量采用的规模经济效应、普遍效仿的学习效应和广泛采用的协调效应，从而实现了新技术进入一种自我增强的良性循环。

诺斯（North，1981）把亚瑟提出的技术变迁机制扩展到制度变迁中，诺斯认为路径依赖类似于物理学中的“惯性”，一旦进入某一新路径就可能对这种路径产生一种依赖，并用“路径依赖”描述新制度一旦执行成功，在新制度下产生历史绩效对现在和未来具有强大影响力，证明了制度变迁同样具有报酬递增和自我强化的机制。这种机制使制度变迁一旦走上了新的路径，就会沿着既定方向在今后的发展中得到自我强化。因此，一种新制度一旦变革成功，路径依赖可以使新制度在支持者的影响下保持稳定，将新制度的效应在循环过程中固定加深。

3.3.1.2 路径依赖理论与现行会计制度

根据诺斯（North，1981）在制度变迁中的“路径依赖”原则，当会计准则变革成功后，即新的会计准则在企业中正式实施后，企业要善于因势利导，即根据现行会计制度进行调整，由强制性的被动接受，迅速过渡到自愿性的自适应阶段，并在现行会计制度下产生新的“路径依赖”，使企业尽快适应现行会计制度，并发挥现行会计制度在企业经营管理中的重要作用。

基于路径依赖理论，在现行会计制度下，企业应在以下三个方面进行积极改进和迅速调整：第一，企业要根据新会计准则建立新制度或调整已有制度，使企业规则适应社会制度背景的变化，发挥正式规则对新路径依赖的有效作用；第二，企业经营管理要重视非正式规则在企业制度变革中的作用，从观念和理念上将新会计制度的理念渗透到非正式规则中，发挥非正式规则在会计制度变迁，以及制度变迁之后产生新路径依赖的良性作用；第三，为了避免与制度相关的特殊利益集团在现行会计制度下不会起到阻碍的作用，企业应基于现有会计制度与利益相关者重新建立契约关系，使特殊利益集团的利益保持与企业利益相一致，利用特殊利益集团在路径依赖中的影响力，使其适应现行会计制度，并在现行会计制度中找到合适的利益平衡，促进现行会计制度在企业实施中的长远性和稳定性。

在我国实施改革的现代化进程中，会计准则是在经历了一次又一次变革之后，不断完善并逐渐形成的。体现国际趋同的会计准则既顺应了经济全球化的世界经济大背景趋势，也符合我国经济发展要求，更通过向“决策有用观”的转变，满足了信息使用者的要求，所以，会计准则变革在企业范围内实施顺利，同时也引导了一些非强制性采用的企业自愿执行。会计准则变革的顺利实施为企业在一种新制度环境下遵循路径依赖原则，通过建立、健全新制度完善企业盈余管理具有重要意义。

3.3.2 会计准则变革下的资本经营

已有的会计准则变革研究更多研究准则变革的预期效应，即从会计准则变革对外部信息使用者的影响分析入手，研究会计准则变革的经济后果，所以，已有的相关文献更侧重于从经济后果学说和制度变迁理论中寻找理论依据。而从本章上述对“经济后果学说”“制度变迁理论”和“路径依赖理论”的基本阐述来看，本书从资本经营视角出发探索会计准则变革的非预期效应，即研究会计准则变革在资本经营路径的作用下对企业投资行为的影响，侧重强调会计准则变革后，现行会计制度对企业资本经营（以及投资行为）的一种长期有效性影响。因此，路径依赖理论其实更能为本书中会计准则变革与资本经营二者之间关系的搭建，及其影响路径的构建提供更好的理论支持。

根据路径依赖理论，当被变革者在重新选择可依赖路径后，会主动接受和适应准则变革事件，并会在会计准则制度环境中尽快寻求新的均衡，保持稳定。满足相关利益者对会计信息的决策有用性需求，是会计准则变革事件发生的主要推动力。会计准则的目标体现了这种需求，这一目标与企业资本经营目标即资本保值增值相一致，都主要是为了保护企业核心利益相关者的利益不受侵害。因此，体现“决策有用观”的会计准则不仅会促进企业向资本经营方式转变，更符合企业长期进行资本经营的制度性要求。因此，从二者目标服务对象体现出的强相关性，使得企业有动机借着会计准则变革的契机，发挥会计准则在企业资本经营中的作用，并通过利用会计信息完善管理机制，进行制度上的合理安排等，促进企业资本经营有效。

3.3.3 会计准则变革下的资本经营与企业投资行为

传统的会计理论方法体系主要为了与当时的商品经营方式相适应，会计准则中体现的“资产负债表观”“决策有用观”“公允价值观”等转变，在一定程度上满足了企业向资本经营转变的信息需求。资本经营是社会经济发展的必然产物，符合我国社会主义市场经济下的现代产权制度要求。发挥会计作用，在现行会计准则制度下提升资本经营效益有助于企业实现价值最大化目标。企业资本经营的实现依托于财务活动的完成，投资是企业财务活动中的重要内容之一，因此，资本经营对会计准则制度的依赖还会影响企业投资行为，通过调整企业投资行为，使其适应现行会计准则下的制度要求，并在新制度下寻找平衡、提高投资决策水平、抑制非效率投资行为，以促进企业资本经营目标和经营目标的顺利实现。

依据路径依赖理论，现行会计准则对企业资本经营和投资行为的影响，不仅是促进一种短期的改变，更重在实现一种长期的影响。企业的经营周期通常因年度会计周期而定，并且企业的资本经营也是一个不断循环的过程，所以，会计准则变革对企业资本经营和投资行为的影响不是单向的、一次性的，而是循环的、往复的。企业投资决策以历史财务信息为参考，以预测和形成未来财务信息为导向，并会依财务信息进行不断的调整。在这种循环传导的机制下，会计准则对企业资本经营和投资行为既有短期波动效应，更具有长期渗透效果。

3.4 本章小结

经济后果学说拓宽了会计准则的研究领域，为建立会计准则变革与企业资本经营和投资行为之间的联系提供了可能；制度变迁理论为会计准则变革事件的影响力提供了理论支持，从理论上支持了会计准则变革会对企业资本经营和投资行为产生重要影响的理论假设；路径依赖理论为研究现行会计准则的长期影响提供了理论分析依据，研究会计准则变革对企业资本经营和投资行为的影响不仅要考虑会计准则实施前后的短期影响，更要重点分析和检验会计准则实施后的长期影响，这为本书的理论分析和实证检验部分提供了研究思路。

4
资本经营视角下会计准则变革影响企业投资行为的理论分析

借鉴已有研究和相关基础理论，本章将着重对资本经营视角下会计准则变革对企业投资行为的影响进行具体的理论分析。本章既是本书的核心内容，更为第5~7章的实证检验奠定了理论基础。本章具体内容安排如下：4.1节资本经营视角下会计准则变革对企业投资行为影响路径的构建；4.2节资本经营视角下会计准则变革对企业投资行为影响路径的具体分析；4.3节资本经营视角下会计准则变革对企业投资行为的具体影响；4.4节本章小结。

4.1 资本经营视角下会计准则变革对企业投资行为影响路径的构建

在资本经营视角下，笔者构建会计准则（CAS，2006）变革对企业投资行为影响路径的基本思路为：会计准则变革体现的会计理念转变，会在企业资本经营和投资行为主要影响因素的作用下，引导管理者的经营理念和投资理念发生转变，从而促进企业经营方式由以商品经营为主向以资本经营为主转变，并进一步影响企业投资行为发生变化。根据这一基本思路，本节内容将从以下三个方面展开分析。

4.1.1 会计准则变革与会计理念转变

会计准则变革与会计理念之间存在着两次驱动与融合：一是会计准则制定时，准则制定者的会计理念与会计准则变革之间的驱动与融合；二是实施会计准则后，企业会计行为与新的会计理念之间的驱动与融合。

其一，准则制定者的会计理念转变驱动了准则变革事件，因此，现行会计准则（CAS，2006）中反映了制定者的新意识形态，即制定者的新会计理念被融合在准则制定之中。从我国2006年会计准则的具体变化（包括基本准则和具体准则的变化）中可以看出，会计准则主要体现了三种会计理念的转变：第一，由“受托责任观”向“决策有用观”的转变，例如，会计准则中的财务报告目标明确提出，要满足“信息使用者（尤其是投资者等外部利益相关者）的经济决策有用性”需求，并已将这种理念贯彻在相关的具体准则之中；第二，由“历史成本观”向“公允价值观”的转变，例如，会计准则对投资者投入的存货成本、长期股权投资的一些相关初始投资成本、投资性房地产、合并中涉及的有关资产、金融资产、金融负债等都引入了“公允价值”这一新计量属性；第三，由“利润表观”向“资产负债表观”的转变，会计准则规定“所得税”由采用“利润表法”改为采用“资产负债表法”，直接体现了准则向“资产负债表观”的转变，并且，在其他一些与资产负债表相关科目的具体要求中也都体现了这一变化。

其二，准则的具体变化，尤其是这些具体变化（包括修订已有的会计准则，增加新的会计准则等）对企业的会计行为具有强制性影响力，会计准则会通过会计确认、计量和报告等程序变化，强制性要求企业会计行为必须依据会计准则的具体要求进行形式上的改变，目的是使企业的会计行为发生预期性转变。随即，在会计实务中，企业的会计行为变化和新会计理念的形成也存在着一种相互驱动与融合，即企业的会计人员和相关管理者对准则变革会有一个反应和适应过程，即由变革中的“响应式”向变革后的“自适应”调整，使企业在会计准则下尽快寻找适应路径，接受新会计理念，有效控制准则变革给企业带来的负面效应，合理利用准则变革的正面效应，促使企业经营的稳定与发展。

总之，在准则制定者的会计理念与会计准则变革之间，以及在准则变革后企业会计行为和会计理念之间的两次驱动融合之下，准则变革体现的会计理念变化会被直接传递到企业经营和管理理念之中，从而为促进企业经营方式转变奠定了基础。

4.1.2　会计准则变革与企业资本经营方式的实现

在会计准则变革的影响下，会计理念和会计行为的变化最终要以会计信息改变的形式体现，会计信息是企业利益相关者（包括外部利益相关者和内部利益相关者）进行决策的重要信息基础，并且企业经营决策受利益相关者的重要影响。因此，在利益相关者的决策行为发生变化的作用下，会计准则变革会影响企业的经营方式发生改变。

詹森和梅克林（Jensen & Meckling，1976）提出，企业是通过一系列“契约”的形式体现着利益关系。会计准则变革根本目的是提高会计信息质量和降低信息不对称，财务报告信息的使用者多是企业的核心利益相关者，由准则变革引起利益相关者的决策变化会以改变契约的形式影响企业行为。其中，企业所有者和经营者的决策变化，对企业资本经营具有决定性影响：第一，企业所有者，尤其是大股东的决策变化对企业资本经营会产生重要影响。所以，为了保护企业所有者利益，企业经营目标必须与企业所有者目标保持一致，即实现企业资本的保值增值，这正是企业资本经营的基本目标。第二，企业管理者对企业经营决策具有决定权，新会计理念下的会计信息更有利于促进企业实现“基于价值的管理”（VBM）。管理者的薪酬契约、激励契约等会根据 VBM 的目标重新设计与签订，这会引起管理者的管理行为和管理理念发生变化，即向追求企业价值最大化为核心目标进行调整，这同样与企业资本经营的根本目标相一致。可见，准则变革引起的企业核心利益相关者的行为变化，会共同促进企业向以资本经营为主导进行转变。

可见，会计准则的颁布与实施，在满足利益相关者对财务报告信息决策有用性需求的同时，更能促进企业经营理念和经营方式由向资本经营转变，即以资本保值增值为基本目标，并以资本流动、收购、重组、参股和控股等为主要经营活动。在企业资本经营中，投资是企业实现资本增值的主要理财行为，也是衡量企业资本经营的重要显性指标，所以，企业经营方式的转变会引起企业投资行为发生重要变化。

4.1.3 企业资本经营的实现与企业投资行为的转变

从企业管理层次和经营过程来看，会计准则变革引起的企业经营理念和经营方式转变，要通过企业对资本经营战略、资本经营管理和资本经营运作等进行顺次调整，逐步完成。资本经营型企业的特点是围绕资本保值增值进行经营，把资本收益作为管理核心。在市场经济体制和现代产权制度下，资本经营方式更能体现基于价值管理的现代管理理念，可以有效协调所有者、经营者、债权人等利益相关者之间的矛盾冲突。

与商品经营方式不同，在以资本经营方式为主导的经营战略指导下，企业财务的根本目标是实现资本增值，投资行为的目标是围绕资本增值最大化，以较经济的资金投入和较低的投资风险获取投资收益。[①] 同样，从企业管理层次和投资过程来看，企业投资也要对投资战略行为、投资管理行为和投资执行行为进行逐层调整，协助企业实现资本经营目标，三种投资行为之间的协同关系着企业投资和资本经营的有效性。在资本经营理念和资本经营方式的影响下，企业投资行为的变化最终将以投资结果的形式表现。例如：其一，控制盲目扩张型投资，使投资规模合理化，更重视投资效率；其二，优化投资结构，降低投资风险，追求长期投资效益，避免投资短视行为；其三，增加投资收益，抑制非效率投资行为，实现投资价值等。

商品经营方式与资本经营方式下企业投资行为的特征比较，详见表4－1。

表4－1　　商品经营方式与资本经营方式下企业投资行为的特征比较

比较内容	商品经营方式主导	资本经营方式主导
经营目标	以利润最大化为目的	以资本保值增值为目的
经营理念	追求利润增量	促进资本增值

① 观点引自：张先治．企业资本经营论［M］．北京：中国财政经济出版社，2001；晋自力．财务战略——基于现代企业资本经营的新视野［M］．上海：上海财经大学出版社，2012。

续表

比较内容	商品经营方式主导	资本经营方式主导
管理理念	基于供需的管理	基于价值的管理
投资目的	以市场占有为导向	以资本运作为主导
投资战略	以经营利润为目的调整投资规模（并购、重组、剥离等）	以企业价值为目的调整投资规模（并购、重组、剥离等）
投资管理	形成基于短期收益型的投资组合	形成基于长期价值型的投资组合
投资执行	重视结果控制	重视过程控制
经济后果	容易导致盲目扩张，产能过剩	旨在实现结构调整，资源配置

资料来源：张先治．企业资本经营论［M］．北京：中国财政经济出版社，2001；晋自力．财务战略——基于现代企业资本经营的新视野［M］．上海：上海财经大学出版社，2012。

总之，基于资本经营视角分析，准则变革对企业投资行为的影响体现在准则变革及其经济后果的后续效应之中，这种影响对企业经营来说更加深入、更为长远。在以资本经营为主要经营方式的现代企业运作中，会计准则变革将引导企业投资行为向以资本增值为核心发生转变。并且，这种影响的传导会在企业会计周期和经营周期中周而复始，循环往复，使准则变革的投资效应在企业内部中被不断加深，促进企业资本经营顺利实现，如图4－1所示。

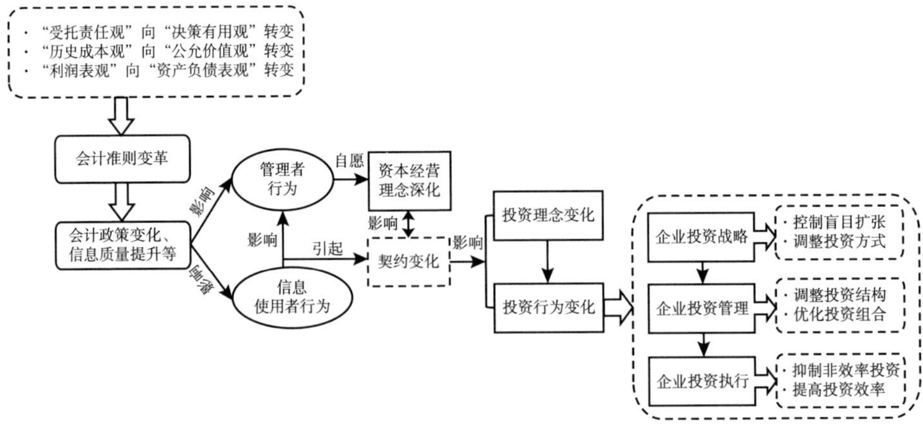

图4－1　资本经营视角下会计准则变革对企业投资行为的影响路径

4.2 资本经营视角下会计准则变革对企业投资行为影响路径的具体分析

从管理学角度看，企业管理具有层次性，根据管理层级的由高到低可以分为治理层（高层管理）、管理层（中层管理）和作业层（低层管理）。企业经营计划和投资计划的顺利进行，依靠管理者对不同层次的管理活动逐层推进，协调完成。根据企业内部管理的特征以及本书研究中的逻辑关系，本节将从以下三个方面逐层分析。

4.2.1 路径一：会计准则变革、资本经营战略与企业投资战略

会计准则变革会引起会计理念、会计行为以及会计信息等变化，其中会计信息是利益相关者和企业高层（战略层）管理者进行战略决策的信息基础，并且，企业资本经营战略受利益相关者（包括外部监督者和内部管理者等）决策变化的影响，所以会计准则变革会通过影响资本经营战略而引导企业投资战略行为发生改变。

以一系列“契约”形式体现利益关系的企业，会受契约变化的重要影响。在企业经营中，企业战略（包括资本经营战略和投资战略）由高层管理者制定，但受公司治理层的制约，尤其是来自大股东的监督与控制。如上文分析，会计准则变革体现的会计理念转变，以及由此引发的经济后果会影响高层管理者的战略决策。例如，会计准则中强调的“决策有用”观，可以使财务报告的外部使用者，尤其是大股东、债权人等，根据现行会计准则背景下的会计信息更准确地进行重新判断，并向更有利于自身利益的出资（如投资、借款等）方向调整，从而引起资本在企业之间的流动和重新配置。这将使得管理者在制定经营战略和投资战略时，必须考虑出资者，尤其是投资者的利益，促使企业经营方式进一步向“资本经营型”转变，企业资本经营战略要确定以“资本保值增值”为核心目标，并且企业投资战略中追求的“投资收益最大化”也要以“资本增值”为基本，以利于促进经营者与所有者之间利益的目标趋同。

从财务指标看，企业资本经营核心目标的指标是资本收益率（return on equity，ROE），即企业净收益与企业净资产（或资本）之比，而企业投资核心目标的指标为投资报酬率（return on investment，ROI）和总资产报酬率（return on assets，ROA）。ROI 主要反映企业新增投资的盈利情况，ROA 则可以代表企业历史投资的盈利水平，当企业净资产规模、投资总额和总资产规模既定时，提高收益水平（净收益或总收益）是增加 ROE、ROI 和 ROA 的有效途径。这进一步说明了，在企业的资本经营中，企业投资战略目标必须确立为“以资本增值为根本目的的投资收益最大化”。并且，企业投资战略行为也要结合企业经营战略目标和投资战略目标进行调整。例如，根据企业资本经营战略的不同类型，包括扩张型资本经营、收缩型资本经营、重组型资本经营等，而采取适当的投资战略，例如，扩张型投资战略（包括垂直扩张型投资战略、水平扩张型投资战略等）、稳健型投资战略（如联合型投资战略等）、多元化投资战略、专业化投资战略以及开发型投资战略等。此外，会计准则的相关政策改变（如确认、计量等）会引起 ROE、ROI 和 ROA 等数值的变化，从而影响企业对资本经营战略的制定，以及对投资战略行为的调整。

4.2.2　路径二：会计准则变革、资本经营管理与企业投资管理

会计信息同样是企业中层（管理层）管理者的重要决策基础，由会计准则变革引起会计行为和会计信息的变化还会影响企业的资本经营管理和投资管理行为。

首先，财务信息是企业资本经营管理的信息基础，企业资本经营管理包括资本经营计划、资本经营组织与指挥、资本经营协调与控制和资本经营考评等管理内容。其中，资本经营计划和资本经营考评两个重要环节与会计信息关系尤为密切。而且，企业投资管理也涉及投资计划、投资组织与指挥、投资协调与控制和投资评价等多种管理活动。作为企业财务管理中的重要内容，投资管理与会计行为和会计信息更是密不可分。所以，由会计准则变化引起的会计信息变化，会在上述管理过程中影响管理者决策，并改变企业资本经营管理与投资管理行为。

其次，会计准则变革体现的会计理念转变，以及会计政策改变，会促使

企业的资本经营管理和投资管理要关注资本的良性循环，以及资本和资产（或投资）的结构优化。会计准则（CAS，2006）提出的“所得税”由“利润表法”改为“资产负债表法”，以及其他一些相关具体要求体现的“资产负债表观”，会使企业在制定资本经营计划时，从以往只关注利润表信息，向注重资产负债表中的相关信息转变。企业在资本经营管理和投资管理中要兼顾考虑资本、资产（或投资）的配置、运作，及其之间的相互协调，使之同保护所有者利益的目标相一致，坚持企业的可持续经营与发展。

最后，从财务指标分析，企业资本经营管理核心指标 ROE 与投资管理核心指标 ROA 直接相关，二者关系如公式（4－1）所示①。企业要实现资本经营目标——提高 ROE，就既要做好投资管理，如优化资产结构、提高 ROA 或资产盈利能力，也要搞好资本运作，促进资本结构的优化。会计准则的相关政策改变（如确认、计量等）同样也会引起公式（4－1）中相关数值的变化，进而影响企业资本经营管理决策以及投资管理行为。

$$ROE = \left[ROA + (ROA - \text{负债率利息率}) \times \frac{\text{负债总额}}{\text{资本总额}} \right] \times (1 - \text{所得税率}) \tag{4-1}$$

4.2.3 路径三：会计准则变革、资本经营运作与企业投资执行

会计信息更是基层（作业层）管理者确定程序化作业指标不可或缺的量化参考依据。会计行为的规范性与会计信息的准确性对企业作业层的资本经营运作与投资执行行为更具有直接影响力。

在企业中，资本经营运作和投资执行的有效性，直接关系着资本经营目标和投资目标能否顺利实现。第一，企业资本经营运作包括了实现资本流动的全过程，即主要通过完成筹集资本和投资资本等重要环节的实际操作来完成资本运作，这决定了“资本保值增值”目标的可实现性；第二，投资执行行为包括签订投资合同，以及将投资款项按投资期限拨付等具体操作层面事宜，直接关系着未来收益和投资目标能否实现。

上述作业层的实际操作行为都要受程序化制度（或规则）的刚性约束，

① 张先治. 企业资本经营论［M］. 北京：中国财政经济出版社，2000.

在刚性约束条件下会计信息更具有决定性影响，所以准则变革的影响在企业资本经营运作和投资执行中更直接、更不容忽视。尤其是，现行会计准则体现的由“历史成本观”向“公允价值观”的转变，例如，对投资者投入的存货成本、长期股权投资的一些相关初始投资成本、投资性房地产、合并中涉及的有关资产、金融资产、金融负债等都引入了“公允价值”的新计量属性，这使会计具体操作及相关会计信息发生了实质性的变化。基于现值会计的“公允价值观”会直接影响企业资本经营运作和投资执行行为，促进企业经营和投资会由“历史观”向“未来观”转变。第一，可以基于现值会计基础更准确地计算资本成本和经济效益，使企业对资本经营运作和投资执行进行正确判断与决策；第二，能够全面地反映企业资本运作和投资执行情况，有助于综合衡量与评价历史资本（资产）安全和未来资本（资产）安全等；第三，帮助企业在正确决策的基础上，促进资本经营运作和投资执行行为顺利完成。

综上，如图4－2所示，基于资本经营视角分析，会计准则变革对企业投资行为的影响体现在理念变化、行为变化以及相关经济后果的综合影响中。

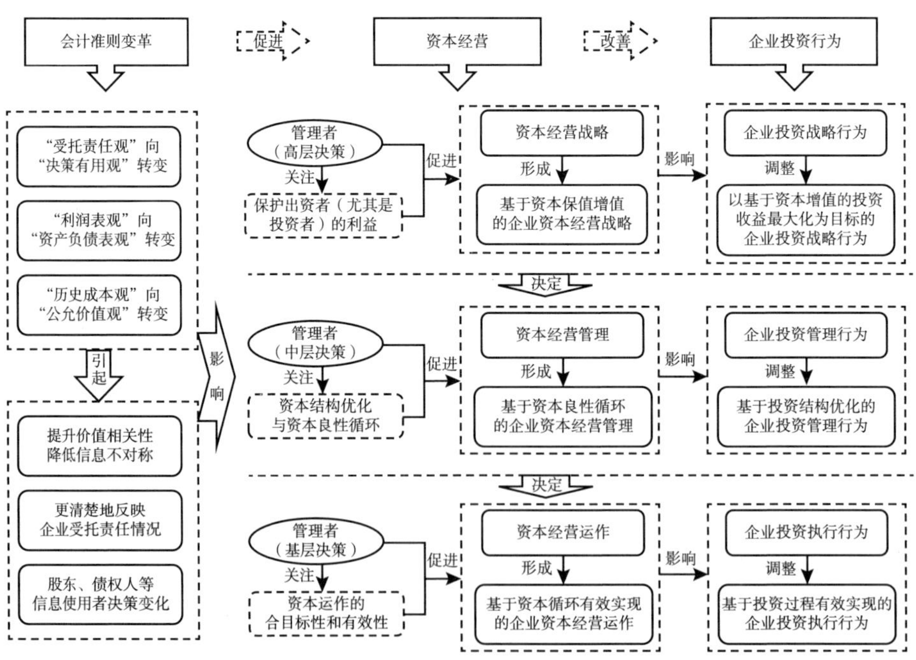

图4－2　资本经营视角下会计准则变革对企业投资行为的具体影响路径

在以资本经营为导向的现代企业经营中，会计准则变革会在不同管理层管理者的作用下，通过影响企业的资本经营战略、资本经营管理和资本经营运作，而对企业的投资战略行为、投资管理行为和投资执行行为产生重要影响。因此，会计准则变革会促进企业向资本经营型转变，并引导企业投资行为向“以资本增值为基本目标的投资收益最大化”发生转变，并且，这种影响作用的传导会在企业资本经营循环中逐渐深化，通过不断提高投资效率和增加投资收益来实现资本增值，以追求企业价值的最大化和促进企业经营的可持续性。

4.3 资本经营视角下会计准则变革对企业投资行为的具体影响

如上分析，资本经营是会计准则变革对企业投资行为的重要影响路径，这种影响最终会以各种形式表现出来，不同管理层对企业投资行为的主要影响或有区别，据此本节将从以下三个方面进行探讨。

4.3.1 会计准则变革与企业投资方式的变化：基于资本经营战略的选择

根据企业发展的性质与特点，企业战略通常被分为稳定性战略、增长战略和紧缩战略（Robbins，2006）。资本经营战略属于公司层战略，应该与企业战略保持一致，从资本经营发展总体目标来看，资本经营战略可以进一步划分为扩张型资本经营战略、稳健型资本经营战略和收缩型资本经营战略。如第 4.2.1 节中所述，会计准则变革会影响企业资本经营战略，进而对企业投资行为产生影响。会计准则变革对资本经营以及投资行为的影响体现在：一方面，现行会计准则会对企业实现资本经营战略目标具有促进作用；另一方面，在资本经营战略的影响下，现行会计准则会对不同类型下的资本经营战略与投资方式选择起到协调作用。具体如图 4 -3 所示。

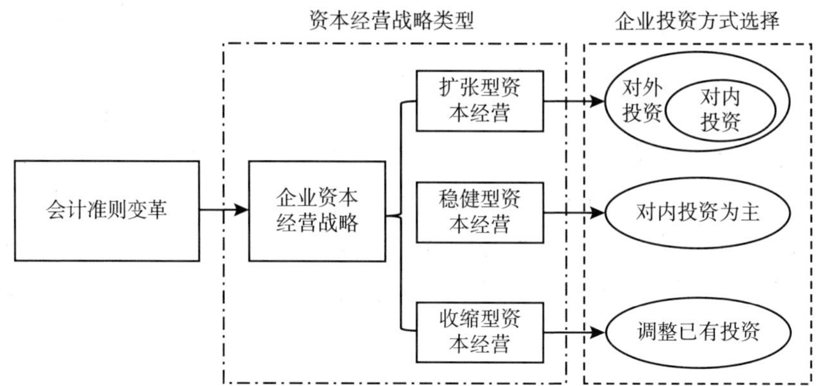

图4－3　会计准则变革与企业投资方式的选择：基于资本经营战略的调整

4.3.2　会计准则变革与企业投资结构的变化：基于资本结构的调整

基于法约尔（Fayor，1999）的“管理五要素”[①]的管理学思想，张先治（2001）认为资本经营管理的职能应包括资本经营计划、资本经营组织与指挥、资本经营协调与控制、资本经营考评等环节。其目的是通过对企业的资本经营管理，有效实现资本经营目标。会计为企业资本经营管理提供信息媒介，企业的资本经营状况可以通过资产负债表、利润表、现金流量表等反映出来，因此，会计准则变革引起的企业会计行为以及会计信息变化，直接影响着企业的资本经营管理决策，进而影响企业投资决策。并且，这种影响会通过财务报告的形式表现出来，具体反映在企业资本结构变化和投资结构变化上。具体如图4－4所示。

4.3.3　会计准则变革与企业投资效率的变化：基于资本经营效益的实现

本书中的资本经营运作是指在资本经营战略指导下，通过资本经营管理

① 法约尔管理五要素为：计划、组织、指挥、协调、控制，摘自：Henri Fayol. Administration industrielle et générale［M］. Dunod，1999。

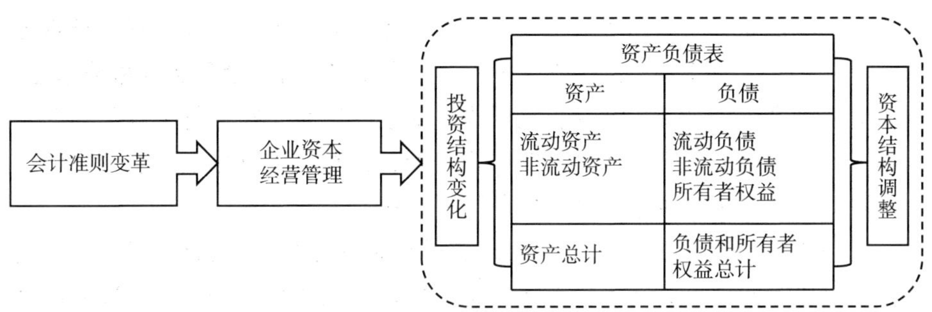

图4-4 会计准则变革与企业投资结构的改变：基于资本结构的调整

实现资本经营活动的全过程。具体包括：通过流动、收购、兼并、战略联盟、股份回购、企业分立、资产剥离、资产重组、破产重组、债转股、租赁经营、托管经营、参股、控股、交易、转让等各种途径优化配置，提高资本运营效率和效益，以实现资本最大限度增值的目标。基于会计准则变革对企业资本经营战略和资本经营管理的影响，这种影响会在资本经营运作的过程中持续传递，并通过资本经营运作结果——提高资本经营效率和收益反馈；同时，这种影响还会使企业投资行为发生变化，同样也会通过企业投资效率的结果反映影响效果。具体如图4-5所示。

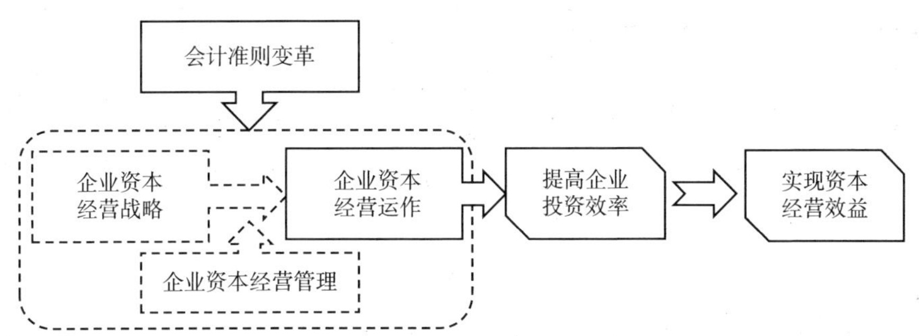

图4-5 会计准则变革与企业投资效率的提升：基于资本经营效益的实现

4.4 本章小结

本章以从资本经营视角出发，发现会计准则变革对企业投资行为的影响为目标，在界定了与本书主题相关的会计准则、企业投资行为和资本经营等概念后，构建了基于资本经营视角下的会计准则对企业投资行为的影响路径，并结合企业资本经营过程及其管理层次，对这一影响路径进行了逐层的具体分析，最后在厘清三者关系、影响路径以及作用机理的基础上，总结出资本经营视角下会计准则变革对企业投资行为的具体影响。

如图4-6所示，研究发现，会计准则变革的相关主要变化（尤其是与企业资本经营和投资行为有关的变化）综合体现了三种理念变化，这种变化会

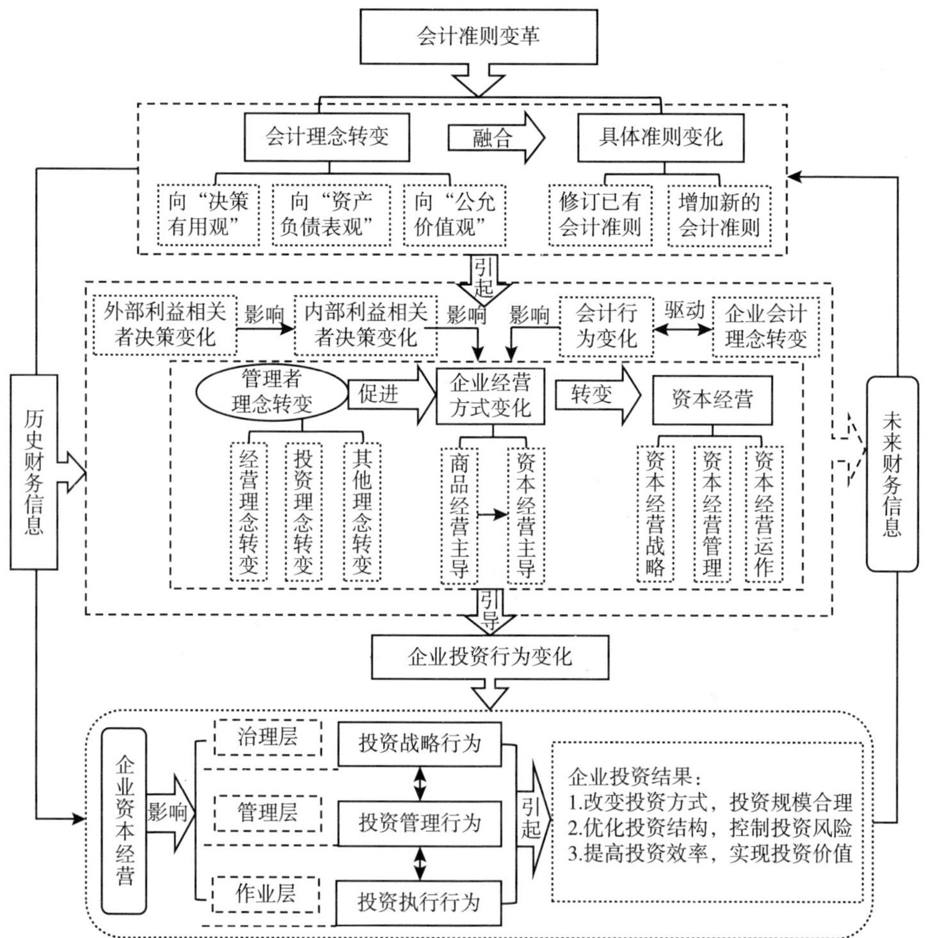

图4-6　资本经营视角下会计准则变革对企业投资行为的影响路径及作用机理

通过相关行为的传导促进企业向资本经营方式转变，进而影响企业投资行为发生改变。具体影响包括企业投资方式的改变、投资结构的调整，以及投资效率的提高等，并且这种影响作用不是短期、暂时的一次性影响，而是一种长期循环式的渗透性影响。

总之，上述这些影响最终会以财务报告信息的形式表现出来，即会计准则变革通过资本经营路径引起企业投资行为发生变化，并会通过对投资方式选择、投资结构调整，以及投资效率变化的结果表现出来。这也将是本书第5～7章的实证部分的检验重点。

5

会计准则变革与企业投资方式研究：以扩张型资本经营战略为例

资本经营是实现企业价值最大化的重要途径，并且资本经营作为企业全局型的一种战略决策，直接影响着属于职能型战略决策的公司财务战略。企业投资行为是财务战略的重要内容之一，与资本经营直接相关，必然受其重要影响。而会计又在企业资本经营和投资行为中扮演着重要的信息媒介角色，因此，会计准则变革会对企业资本经营战略以及投资方式选择产生影响，具体表现为：在资本经营战略路径的传导下，会计准则变革会影响投资方式向与资本经营相协调的方式发生变化。本章以扩张型资本经营战略为例，在上市公司中选择样本，研究会计准则对企业投资方式的影响。本章具体内容安排如下：5.1 节理论分析与研究假设；5.2 节研究设计；5.3 节实证研究与分析；5.4 节进一步检验；5.5 节稳健性检验；5.6 节本章小结。

5.1 理论分析与研究假设

资本经营是指企业以资本为基础，通过对资源的优化配置提高资本经营效益的一种经营活动方式。投资方式是指企业实现资源配置的具体方式，以企业的资本经营战略为主导，并依靠企业选择适当的投资方式来实现。在实践中，企业进行扩张的投资方式主要有两种：一种是对内投资，主要指企业进行的自行投资；另一种是对外投资，主要指通过并购方式进行的资本扩张。会计信息是企业资本经营战略和投资方式选择的重要决策依据，由会计准则变革引起的会计信息质量提高，会降低信息不对称，缓解代理冲突，从而降低交易成本，使企业在实施资本经营战略时更有动机选择对外投资的投资方式进行快速扩张。但是这种扩张行为应该是基于资本经营目标，即促进资本保值增值的，而不应该是盲目以降低企业资产经营效益为代价的。所以会计准则变革应该在促进企业选择对外投资的投资方式同时，对企业自行投资具有一定的促进作用，从而能够更好地提升企业总体投资水平。

依据制度变迁理论（North，1981），会计准则变革是一种“自上而下”的强制性制度变迁。在现代产权制度下，由会计准则变革引发的会计信息质量提高对缓解代理冲突问题有促进作用。并且，会计准则变革这种制度性变迁还会对企业的资本经营战略以及投资方式选择产生重要影响，可以帮助企业进行正确的经营战略决策和投资战略决策，促进企业的投资方式选择与资本经营战略能够相互协调。

企业的资本经营战略受高层管理者经营理念的影响。例如，铃木（Suzuki，2003）研究发现，与财务会计相关联的经济理念和经济管理在现代社会中无处不在。在财务会计作用于经济理念与经济行为的这样一个程序中，会计观念的转变将对企业经营理念具有深层次的影响作用。哈罗（Harlow，1991）认为基于会计信息分析的低风险框架下的资产组合会给企业带来更多的预期收益。巴伯等（Baber et al.，1991）实证检验了企业近期收益对企业研发支出（R&D expenditure）决策的影响，研究发现财务报告中的收益对可自由支配支出决策会产生影响。

不同会计处理，以及对实施会计准则的不同理念，会导致对企业的资本经营战略和投资方式选择产生不一样的经济后果。例如，周夏飞（2007）分析了不同会计处理下的经济后果，认为将资产证券化作为真实销售处理与不合并特殊目的实体（SPE）对发起人、证券投资者更有吸引力，也更有助于推动资产证券化业务的发展。沃加里斯（Voulgaris，2011）指出会计准则是管理层激励契约的基础，会计准则变革引发企业激励契约的利益结构调整，也将引导企业相关行为（包括投资行为）的变化。格雷罗等（Guerreiro et al.，2012）分析了葡萄牙大型上市公司自愿采用 IFRS 的制度性逻辑与战略性调整，结合分析式的框架研究（Oliver，1991）和制度性逻辑概念研究新会计制度的压力反应复杂性，发现公司采用 IFRS 不是盲目的制度性要求反应，而是更大程度可预见的内在特征和这种制度压力的重要性。达斯克（Daske et al.，2013）研究检验了采用 IAS/IFRS 的非一致性经济后果，把公司分为“Label”采用者和“Serious”采用者，发现有很大的不同。“Serious”公司资本流动性增加，资本成本降低；“Label”公司并非如此。反映了会计准则带来的财务动机变化或公司向外报告战略，并不仅仅限于准则或标准本身。库马尔和凯斯瓦尔（Coomar & Kheswar，2016）基于案例研究，认为非洲企业采用国际会计准则会对企业投资战略产生重要影响。贾兴飞和张先治（2019）认为会计准则变革不仅带来了会计信息的优化，还使得会计理念发生了转变，进而影响到企业的经营方式（包括投资方式）。

我国会计准则（2006）的颁布与执行恰逢为了巩固企业资本经营理念的转变与深化成果的时期，旨在从制度上更好规范和引导企业的财务行为。会计准则制定体现了提高会计信息价值相关性的指导思想，基于现值会计的现行会计准则的实施更有利于增加信息透明度。企业资本经营运作在信息质量较高、信息成本下降的环境中更容易完成，进一步加强了企业资本经营活动的活跃性。并且，会计信息与企业价值更相关，有利于促进企业在加强资本经营运作的同时，重视企业的资本保值增值目标，使企业管理者的资本经营理念不断深化与加强，使企业进行资本经营活动更具有合目标性，也会有利于促进企业加强自行投资行为，以提升企业总体投资水平。因此，管理者资本经营理念的深化会通过高层管理者对资本经营战略制定的影响，而对企业在进行资本经营运作中投资方式的选择产生影响。其影响原理可以通过图 5－1 予以说明。

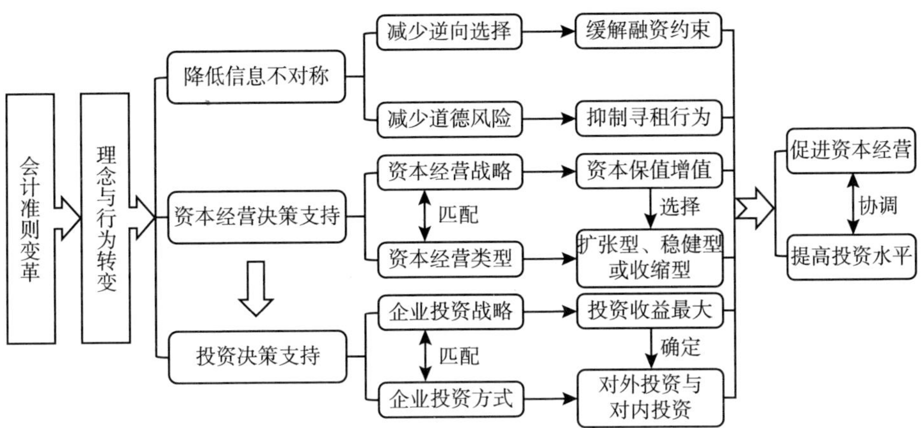

图5－1　会计准则变革与企业投资方式选择假设机理：基于资本经营战略选择

因此，以扩张型资本经营为例，可以建立如下假设：

H1：在实施扩张型资本经营战略的企业中，会计准则变革对企业加强对外投资具有促进作用。

H2：在实施扩张型资本经营战略的企业中，会计准则变革对通过企业加强对外投资来提升对内投资水平具有一定的促进作用。

5.2 研究设计

首先，根据本章实证研究主题进行变量定义，包括被解释变量投资方式（包括并购或自行投资）的定义与度量、解释变量会计准则事件和扩张方式的设定、构建会计准则事件与资本经营扩张方式的交乘项，以及选择适当的控制变量并对其进行定义与度量。其次，设计多元线性回归模型，借助计量经济学研究工具，构建会计准则、扩张型资本经营与企业投资方式三者之间的实证关系。最后，根据实证研究需要选择样本及其相关数据。

本章研究数据主要来源于国泰安数据库（CSMAR）。研究设计的目的是为了发现会计准则实施之后，对企业实施扩张型资本经营战略以及进行投资方式选择而产生的影响。

5.2.1 变量定义

本章主要考察的是针对实施资本扩张型战略的企业，会计准则变革对企业投资方式（包括对外投资方式——并购，对内投资方式——自行投资），及其相互协调的影响。因此，分别设置了如下变量：被解释变量，即并购和自行投资；解释变量，即会计准则事件和扩张方式；控制变量，结合研究对象和研究目的，根据相关理论及文献，设置控制变量。

5.2.1.1 被解释变量

企业投资方式之对外投资方式（并购）变量，用并购相对交易规模（*MA*）表示，参照姜付秀等（2008）的研究方法，定义为：主并公司每年总的并购交易金额/年初总资产×100%。

企业投资方式之对内投资方式（自行投资）变量，用自行投资规模（*NBTZ*）表示，参照理查德森（Richardson，2006）、姜付秀等（2008）的研究方法，定义为：（购建固定资产、无形资产和其他长期资产支付的现金－处置固定资产、无形资产和其他长期资产收回的现金净额）/年初总资产×100%①。

此外，本章是基于扩张型资本经营战略的企业，研究会计准则变革对企业投资方式的影响问题，所以剔除了上述变量中的负值。被解释变量投资方式之并购和自行投资变量都除以总资产，是一种进行标准化的处理，用百分比的形式表示。

5.2.1.2 解释变量

会计准则变革，用会计准则变革（*REFORM*）表示，是一个事件虚拟变量。当会计准则变革事件发生时取值为1；当该事件未发生时，则取值为0。即以现行会计准则实施年份为分界，2007年及以后的年份取值为1，2007年以前的年份取值为0。

资本扩张型战略，用扩张方式（*EXPAND*）表示，也是一个事件虚拟变

① 由于折旧可能包含纳入合并报表的被并购方部分，所占比重虽然很小，但为了检验结论的稳健性，在后面的回归中也采用未扣除折旧额的方法验证，发现两种衡量方法的结果基本一致。

量，企业实施并购时为 1，否则取 0。*EXPAND* × *REFORM* 为会计准则变革与扩张型资本经营战略实施的交乘项，当会计准则变革后企业发生并购时为 1，其他情况均为 0。

5.2.1.3 控制变量

控制变量的选择和设定借鉴了姜付秀等（2008）对投资方式选择的研究。本书设置了控制变量行业（*IND*），利用样本的所处行业作为行业控制变量，根据中国证监会的行业分类标准设定虚拟变量，以考虑行业固定效应。由于解释变量中的会计准则已经是按照年度设置的虚拟变量，考虑到可能存在的共线性问题，因此没有再单独设置年度（*YEAR*）控制变量①。

其他控制变量定义如下：

企业实际控制人类别（*CONTROL*）。詹森和梅克林（Jensen & Meckling，1976）认为有控制权股东的持股比例与管理行为有关，比例越高，产生的管理激励越大，因此可以降低代理成本、提升企业经营管理水平，从而提高企业价值。施莱费尔等（Shleifer et al.，1997），陈小悦、徐晓东（2001）等国内外学者基于不同研究对象，验证了股权结构对企业绩效的影响。欧阳凌等（2005）从股权结构问题出发，研究国有企业和民营企业在代理问题上存在的差异，及其对企业投资行为的不同影响。因此，本书控制了该因素，当实际控制人为国有股股东时取 0，否则取 1。

二职合一情况（*DUAL*）。董事长与总经理是该兼任还是分离，一直是一个颇有争议的话题。基于委托代理理论，董事长与总经理两个职务应该予以分离，这比较符合委托代理理论主张的两权分离式领导结构。这会防止代理人在自利行为动机下的“败德行为”，以及信息不对称中的“逆向选择”问题。所以，实现二职分离有利于董事会监督的独立性和有效性。戈亚尔等（Goyal et al.，2002）研究发现，二职合一时的确会导致总经理变更的决策有效性下降。然而，莫耶等（Moyer et al.，1996）研究发现二职合一与否与企业的相关决策，尤其是企业业绩之间只存在很小差异。对此，本书设置了二职合一控制变量，董事长与总经理职务重合时取 1，否则取 0。类似地，本书

---

① 本书设计之初考虑到年度固定效应问题，出于稳健性考虑，本书对后面的回归中分别做了包含与不包含年度（*YEAR*）控制变量的检验，发现两种处理方法的回归结果都是一致的。

还控制了高管持股比例（*EXECUHOLD*）变量，定义为：所有高管持有的股票数/公司总股数。

董事会规模（*BOARDSIZE*）。利普顿和洛尔施（Lipton & Lorsch，1992）指出董事会规模与董事会功能相关，董事数量太多会导致董事会功能的紊乱。而奥卡西奥（Ocasio，1994）等一些学者依据资源依赖理论则认为，较大规模的董事会有利于提高治理效率。有效的公司治理会促进企业的资本经营与投资行为，所以本书选择董事会人数代表董事会规模，设置了董事会规模控制变量。此外，利普顿和洛尔施（Lipton & Lorsch，1992）还发现董事会会议次数与董事会功能发挥有关，对此本书控制了董事会活跃度（*BOARDMEET*）变量，定义为年度内董事会会议次数。

独立董事规模（*INDEPENSIZE*）。独立董事的有效性一直是公司治理中的热议问题。法玛和詹森（Fama & Jensen，1983）指出，除非董事会能限制公司高管的决策处置权，否则它就不是一个有效的决策控制机制，所以，独立董事制度的引入在控制内部人决策方面还是有必要的。其后，克莱茵（Klein，1998）、何卫东（2003）等国内外研究学者基于不同视角对独立董事的功能进行了研究，认为独立董事在企业经营相关决策行为上能够发挥有效性。本书控制了独立董事规模变量，定义为：独立董事人数/董事会总人数。

负债比例（*DEBT*）。对企业来说，负债既是一种融资手段，也会起到治理的作用（Williamson，1988）。詹森和梅克林（Jensen & Meckling，1976）较早提出了增加负债水平可以减少管理者对公司资产侵占行为的观点，并进一步基于现金流理论，再次证明了负债会抑制企业的过度投资行为（Jensen，1986）。其后的很多学者也纷纷证明了融资与投资之间的关系，并且融资作为投资的一个重要影响因素在企业投资行为研究中已经得到广泛的认可与普遍重视。所以，本书控制了负债比例变量，定义为：年初负债总额/年初总资产。并且还控制了现金（*CASH*）变量，定义为：年初货币资金/年初总资产。

企业投资机会（*Tobin's Q*）。投资机会既是影响企业资本经营也是影响企业投资行为的一个重要变量，企业投资机会与企业实际投资行为具有较强的相关性，并且对企业选择什么样的投资方式也同样具有很大的影响力，本书以 *Tobin's Q* 来代替投资机会，变量取自托宾 Q 值。

此外，在借鉴已有相关研究（姜付秀等，2008）的基础上，本书还根据企业投资行为的影响因素设置了企业规模、成长性和母公司的集团性质等变量，并对此进行了控制。例如，企业规模（*SIZE*）控制变量，定义为企业年初总资产的自然对数；成长性（*GROW*）控制变量，定义为（上年主营业务收入-前年主营业务收入）/上年初的总资产；母公司是否是集团公司（*GROUP*）控制变量，定义为上市公司的母公司是集团公司取1，否则取0。

以上具体变量定义如表5-1所示。

表5-1　变量定义

变量类型	变量符号	变量名称	变量界定
被解释变量	*MA*	并购相对交易规模	主并公司每年总交易金额/年初总资产×100%
	NBTZ	自行投资规模	（购建固定资产、无形资产和其他长期资产支付的现金-处置固定资产、无形资产和其他长期资产收回的现金净额）/年初总资产×100%
解释变量	*REFORM*	会计准则变革	虚拟变量，2007年及以后的年份取值为1，2007年以前的年份取值为0
	EXPAND	扩张方式	虚拟变量，实施并购时取1，否则取0
	EXPAND×REFORM	会计准则变革与扩张方式交乘项	扩张方式变量乘以会计准则变革变量
控制变量	*CONTROL*	实际控制人类别	国有股股东取0，否则取1
	DUAL	二职合一情况	董事长与总经理职务重合取1，否则取0
	EXECUHOLD	高管持股比例	所有高管持有的股票数/公司总股数
	BOARDSIZE	董事会规模	董事会人数
	BOARDMEET	董事会活跃度	年度内董事会会议次数
	INDEPENSIZE	独立董事规模	独立董事人数/董事会总人数
	DEBT	负债比例	年初负债总额/年初总资产
	CASH	现金	年初货币资金/年初总资产
	Tobin's Q	企业投资机会	Tobin's Q值
	SIZE	企业规模	企业年初总资产的自然对数
	GROW	成长性	（上年主营业务收入-前年主营业务收入）/上年初的总资产

续表

变量类型	变量符号	变量名称	变量界定
控制变量	*GROUP*	母公司是否是集团公司	上市公司母公司是集团公司取1，否则取0
	IND	行业	行业虚拟变量，按中国证监会的分类标准设置

5.2.2 模型设定

借鉴库拉纳和米克哈斯（Khurana & Michas，2011）等大部分国内外学者利用的政策变革事件研究方法，本书将会计准则设置为虚拟变量，并根据相关假设需要，设置事件虚拟变量的交叉来研究发现准则变革前后的影响。这样可以更清楚的分析会计准则变革后对企业资本经营战略，以及在资本经营战略的影响路径下，会计准则变革对企业投资方式选择的影响。

为验证本章节中的假设H1和假设H2，分别设定了模型（5－1）和模型（5－2）①。

$$MA_{i,t} = \alpha_0 + \alpha_1 REFORM_t + \sum_{p=2}^{13} \alpha_p CONTROL_{i,t} + \sum_{q=14}^{30} \alpha_q IND_{i,t} + \varepsilon_{i,t} \tag{5-1}$$

其中，模型（5－1）中的被解释变量为并购规模 *MA*。解释变量为会计准则变革 *REFORM*，检验在扩张型资本经营战略中，会计准则变革对企业选择对外投资方式的影响。

$$NBTZ_{i,t} = \beta_0 + \beta_1 EXPAND_{i,t} + \beta_2 REFORM_t + \beta_3 EXPAND_{i,t} \times REFORM_t + \sum_{p=4}^{15} \beta_p CONTROL_{i,t} + \sum_{q=16}^{32} \beta_q IND_{i,t} + \delta_{i,t} \tag{5-2}$$

模型（5－2）中的被解释变量为自行投资 *NBTZ*。第一个解释变量为扩张方式 *EXPAND*，检验在实施扩张型资本经营战略的企业中，企业的并购投资方式选择对自行投资行为的影响；第二个解释变量为会计准则变革 *RE-*

① 本书设定假设和模型旨在检验会计准则变革在资本经营路径作用下对企业投资行为的影响。模型（5－1）的目的是检验会计准则变革在资本经营运作中对企业对外投资行为的影响，模型（5－2）的目的是检验会计准则变革在资本经营运作中对企业对内投资行为的影响。模型的设定、交乘项的使用等在借鉴已有相关研究的基础上，更侧重基于古扎拉蒂和波特（Gujarati & Porter，2004）的计量经济学模型建立原理和布兰博尔（Brambor，2005）对交乘项使用的经验总结。

FORM，检验会计准则变革对企业自行投资行为的影响；第三个解释变量为扩张方式与会计准则变革的交乘项 $EXPAND \times REFORM$，主要检验会计准则变革与并购投资方式对企业自行投资行为的影响。

5.2.3 样本选择与数据来源

5.2.3.1 数据来源

本书使用的公司财务数据，资本经营数据（并购数据），以及相关的公司基本信息数据均来自国泰安数据库（CSMAR）。并参照中国证监会的上市公司行业分类标准，对企业所处行业进行分类。

5.2.3.2 时间窗口

现行会计准则是从2007年1月1日开始在上市公司中正式实施，本书以2007年为参照确定时间窗口。考虑到上一次《企业会计制度》于2000年出台，其对企业的影响需要一段时间消化。并且，本书更侧重于检验会计准则（CAS，2006）实施后对企业资本经营和投资行为的影响效果，如果会计准则实施后的时间窗口选择太窄很难发现规律。此外，本书研究设计中的一些变量计算涉及前一年度的财务数据取值，因此，本书最终确定选择对2004～2013年的上市公司相关数据进行筛选。

本章主要研究目的是检验会计准则变革对企业资本经营战略和投资方式的影响，选择2004～2006年的数据（即现行会计准则实施以前的相关数据），是为了通过比较，更好地分析会计准则变革对资本经营战略和投资方式选择的经济后果。

5.2.3.3 样本筛选

为了检验本章的研究假设，本书对样本进行了如下筛选：

首先，选择2004～2013年有并购行为，即在研究年度内发生了作为主并购方的并购事件的所有上市公司作为研究样本。选取范围是全部的A股上市公司，并对样本做出如下处理：第一，剔除ST、*ST、S、SST、S*ST等非正常交易的样本；第二，剔除财务数据缺失（包括研究年度前一年数据缺失）

的样本；第三，剔除并购交易不成功的样本；第四，剔除并购交易中出现缺失值或异常值的样本；第五，本章节以扩张型资本经营公司为例，研究的是企业资本经营战略中的扩张问题，而不是收缩问题，故进一步剔除了相关变量中的非正值样本；第六，在剔除了关联交易的并购事件后，将每家公司在每年的并购事件进行了合并。在经过上述筛选和处理后，最终得到 2004 ~ 2013 年共计 4 537 个观测值的样本数据。数据处理和统计分析采用 Stata 12.0 和 Excel 实现。具体观测值的分布参见表 5 - 2 和表 5 - 3 中的年度分布情况和行业分布情况。为了减轻离群值的影响，本书在回归之前对主要指标进行了 Winsorized（首尾 1% 和 99%）的缩尾处理。

表 5 - 2　　分年度被解释变量的描述性统计（1）

时期	年度	观测值（个）	扩张型资本经营规模（%）			自行投资规模（%）		
			均值	中位数	标准差	均值	中位数	标准差
旧准则	2004	300	6.20	2.86	7.90	9.53	5.92	9.64
	2005	245	4.70	2.30	6.02	8.74	5.58	9.11
	2006	266	6.85	2.98	10.16	6.76	4.22	7.82
现行会计准则	2007	407	8.89	3.24	14.64	8.87	5.87	10.02
	2008	449	7.49	2.94	11.49	9.18	6.42	9.62
	2009	462	7.94	2.58	14.69	7.74	5.02	8.38
	2010	501	7.03	2.71	11.97	8.54	6.37	8.53
	2011	546	6.21	2.58	10.63	9.43	6.81	9.40
	2012	679	6.43	2.59	11.14	8.52	6.30	7.94
	2013	682	9.24	3.03	15.88	7.02	5.21	6.58
总计		4 537	7.29	2.76	12.39	8.40	5.77	8.65

资料来源：国泰安数据库（CSMAR）。

表 5 -3　　分行业被解释变量的描述性统计（1）

行业	观测值（个）	扩张型资本经营规模（%）			自行投资规模（%）		
		均值	中位数	标准差	均值	中位数	标准差
农、林、牧、渔业	88	5.83	2.72	9.00	10.57	6.11	11.11
采矿业	139	9.14	3.48	13.62	12.97	11.36	9.03
制造业	2 671	6.03	2.49	10.62	8.90	6.52	8.22
电力、热力、燃气及水生产和供应业	204	6.58	2.48	11.87	12.58	10.25	10.13
建筑业	117	5.11	1.67	8.29	5.89	2.75	8.85
批发和零售业	292	8.04	3.86	11.57	6.47	3.49	7.75
交通运输、仓储和邮政业	178	8.74	3.20	13.70	10.84	8.06	9.98
住宿和餐饮业	19	12.20	12.44	10.31	12.53	13.36	8.47
信息传输、软件和信息技术服务业	201	10.00	4.05	14.92	8.64	6.04	9.58
金融业	39	1.34	0.22	2.46	0.77	0.28	1.33
房地产业	314	12.87	6.97	17.29	2.16	0.27	5.60
租赁和商务服务业	53	12.00	3.14	21.06	8.40	6.16	7.63
科学研究和技术服务业	14	4.54	1.62	7.11	6.58	3.43	7.13
水利、环境和公共设施管理业	42	12.35	3.74	20.13	9.62	6.14	10.57
居民服务、修理和其他服务业	13	12.02	4.63	16.97	7.47	3.94	10.63
教育、卫生和社会工作	125	10.09	4.19	16.26	5.01	2.86	6.12
文化、体育和娱乐业	28	12.85	2.95	20.50	5.90	3.11	6.33
总计	4 537	7.29	2.76	12.39	8.40	5.77	8.65

资料来源：国泰安数据库（CSMAR）整理。

5.3　实证研究与分析

5.3.1　变量描述性统计

表 5 -2 和表 5 -3 分别分年度和分行业列示了模型（5 -1）、模型（5 -2）

中所涉及被解释变量的描述性统计。同时表5－4还汇报了均值T检验和Wilcoxon秩检验值。

表5－4　准则变革前后*MA*和*NBTZ*变量的T检验和Wilcoxon秩检验

变量名称	准则变革前均值（样本数：811个）		准则变革后均值（样本数：3 726个）		均值	中值
	均值	中值	均值	中值	T值	Z值
MA	0.060	0.027	0.076	0.028	3.396***	0.205
NBTZ	0.084	0.053	0.084	0.059	0.060	1.682**

注：***表示在0.01的水平下显著，**表示在0.05的水平下显著，*表示在0.1的水平下显著。
资料来源：国泰安数据库（CSMAR）整理。

如表5－2和表5－3所示，首先，从观测值年度分布上看，采用扩张型资本经营战略的上市公司在现行会计准则实施之后明显增加，说明会计准则变革对企业的资本流动有促进作用。其次，从年度趋势上看，基于扩张型资本经营战略下，我国上市公司的对外投资水平呈波动性稳定增长的趋势。并且，现行会计准则实施之后的平均增长水平普遍高于会计准则实施之前。其中，对外投资规模均值增幅明显（均值检验显著），由准则实施之前的5.96%（2004～2006年的加权平均）上升到会计准则变革之后的7.58%（2007～2013年的加权平均）；自行投资规模均值增幅不大（均值检验不显著），由会计准则变革之前的8.37%（2004～2006年的加权平均）上升至现行会计准则实施之后的8.41%（2007～2013年的加权平均）。总体看来，会计准则变革之后，更有利于促进扩张型资本经营企业对外投资水平的提升，由于会受融资约束，自由现金流等限制，同一年度中企业的两种投资行为呈现出此消彼长的交替增长规律。

从表5－3分行业的情况来看，制造业观测值在被统计样本中占有绝对优势，占总体观测值的比例为58.87%（“制造业观测值”除以“总体观测值”）。并且，我国上市公司实施扩张型资本经营战略的水平在行业间存在差异。首先，从对外投资水平（即扩张型资本经营规模）来看，以第三产业为主（除科学研究和技术服务业外，平均并购规模仅为4.54%）的住宿和餐饮业，房地产业，租赁和商务服务业，水利、环境和公共设施管理业，居民服务、修理和其他服务业，文化、体育和娱乐业等并购规模偏高，均在12%以上，明显高于平均水平（7.29%）；而第一产业和第二产业，除采矿业（平均并购规模为9.14%）外，普遍低于平均水平。其次，从对内投资水平（即自行投资规模）来看，第一产业的农、林、牧、渔业，第二产业的采矿业，电力、热力、燃气及水生产和供应业，以及第三产业的交通运输、仓储和邮政业，住宿和餐饮业的自行投资规模均达到10%以上，明显高出平均水平（8.4%），并且第三产业中绝大多数行业的自行投资规模普遍偏低。尤其是，金融业的行业特殊性显著，无论是从对外投资扩张还是对内投资扩张来看，在所有行业中都远低于其他行业。鉴于金融业也是上市公司的组成部分，考虑到无论从观测值所占比重，还是变量计算所占权重来看，都对总体影响不大，所以金融行业的39个样本公司在本章的总体检验中暂且予以保留。

5.3.2 变量相关性分析

表5-5报告了模型（5-1）、模型（5-2）中涉及主要变量的Spearman相关系数。

表5-5 主要变量相关性分析（1）

变量	*NBTZ*	*MA*	*REFORM*	*EXPAND*	*CASH*	*Tobin's Q*
NBTZ	1					
MA	0.021	1				
REFORM	0.047*	0.050***	1			
EXPAND	0.024**	0.053***	0.049***	1		
CASH	0.064***	0.041***	0.129***	0.023	1	
Tobin's Q	-0.022	0.080***	0.232***	-0.007	0.126***	1

注：***表示在0.01的水平下显著，**表示在0.05的水平下显著，*表示在0.1的水平下显著。
资料来源：国泰安数据库（CSMAR）整理。

从表5-5中的相关系数看，在以扩张型资本经营战略为主导的我国上市公司中，企业的并购投资行为 *EXPAND* 和自行投资 *NBTZ* 相关系数为 0.024，在 0.05 的统计水平下显著。会计准则变革 *REFORM* 对企业对外投资水平 *MA* 显示出显著性正相关关系，相关系数为 0.050，在 0.01 的统计水平下显著，会计准则变革 *REFORM* 与并购式的投资方式 *EXPAND* 相关系数为 0.049，在 0.01 的统计水平下显著。

此外，企业的现金流对企业对外投资方式为并购或自行投资两者都存在显著的正相关关系，并且，托宾 Q 值对以企业对外投资方式（并购）*MA* 行为显著正相关，其相关系数 0.080，在 0.01 水平下显著。

5.3.3 回归结果分析

本书采用最小二乘法（OLS）的多元回归进行分析，表 5－6 报告了模型（5－1）、模型（5－2）的回归结果。从表 5－6 的回归结果看，会计准则变革 *REFORM* 与企业对外投资方式（并购）*MA* 在 0.01 的统计水平下显著正相关，说明在扩张型资本经营的企业中，会计准则变革对企业选择对外投资方式的投资行为上具有促进作用，促进了企业资本经营活动的增加，假设 H1 得证。在企业进行自行投资方面：在实施扩张型资本经营的企业中，会计准则变革 *REFORM* 对企业的自行投资行为 *NBTZ* 的影响并不显著，而会计准则变革与企业选择对外扩张投资方式 *REFORM*×*EXPAND* 对企业的自行投资方式 *NBTZ* 的促进作用则比较显著（在 0.1 的统计水平下显著正相关），说明在实施扩张型资本经营战略的企业中，会计准则变革会通过促进企业选择对外投资的扩张方式（并购）来加强对内投资，假设 H2 也得证。

表 5－6　　方程回归结果（1）

变量	模型（5－1）－*MA*		模型（5－2）－*NBTZ*	
	系数	T 值	系数	T 值
常数项	0.218***	7.20	0.114***	4.55
REFORM	0.026***	4.76	0.043	1.52
EXPAND			0.003	0.98
REFORM×*EXPAND*			0.006*	1.72

续表

变量	模型（5－1）－*MA*		模型（5－2）－*NBTZ*	
	系数	T 值	系数	T 值
CASH	0.008	0.56	－0.003	－0.34
DEBT	0.001	0.13	－0.040***	－5.75
Tobin's Q	0.004**	2.07	－0.004***	－2.89
GROUP	0.006	1.36	－0.004	－1.22
SIZE	－0.019***	－9.81	－0.002	－1.31
GROW	0.001***	5.33	0.001*	1.76
CONTROL	－0.021***	－3.26	－0.020***	－4.39
BOARDMEET	0.003***	5.19	0.001***	4.15
DUAL	0.004	0.73	－0.001	－0.42
BOARDSIZE	0.001	1.15	0.003***	4.09
INDEPENSIZE	0.007	0.18	0.021	0.83
EXECUHOLD	－0.005	－0.27	0.043***	3.19
IND	控制		控制	
样本数	4 537		4 537	
Adj-R^2	0.087		0.110	

注：*** 表示在 0.01 的水平下显著，** 表示在 0.05 的水平下显著，* 表示在 0.1 的水平下显著。
资料来源：国泰安数据库（CSMAR）整理。

综合两个模型的回归结果来看，对采取扩张型资本经营战略的企业而言，会计准则变革对企业采用并购的投资方式具有更显著的促进作用，说明会计准则变革后由于信息质量的提高，降低了信息不对称，降低了交易成本，促进了企业资本经营运作（并购）的完成，并且在企业资本经营战略类型与投资方式选择的匹配上，起到了一种协调性的促进作用。可见，通过实证检验，再次证明资本经营是会计准则变革影响企业投资行为的一个重要路径。以扩张型资本经营为例，会计准则变革对企业资本经营和企业投资行为之间的促进与协调起到了积极的作用，尤其是当企业存在一定的投资机会时，会计准则变革对企业选择对外投资方式（并购）进行扩张具有更显著的促进作用。

为了确保模型回归的有效性，本书考察了模型中的解释变量是否存在完全共线性问题，在方程进行回归后计算了方差膨胀因子 VIF。结果显示每个变量的 VIF 值均远小于 5，其中模型（5 -1）解释变量的 VIF 均值为 1.39，模型（5 -2）解释变量的 VIF 均值为 1.40，说明回归模型中的各个解释变量之间不存在完全共线性问题，方程回归结果可靠。

5.4 进一步检验：总体投资规模检验

为了更清楚地反映在扩张型资本经营战略下，会计准则变革对企业总体投资水平变化的影响，本书还进行了进一步检验。进一步检验的思路是在实施扩张型资本经营战略的企业中，研究会计准则变革对企业总体投资水平的影响。理论上，提高企业总体投资水平是实现企业资本保值增值的有力保障，如前所分析，会计准则变革对企业实施资本经营战略和提高总体投资水平同样具有促进作用。

为此，提出进一步检验的假设：

H3：在实施扩张型资本经营战略的企业中，会计准则变革对企业提高总体投资水平具有显著的促进作用。

5.4.1 模型设计①

为进一步检验假设 H3，设计模型如下：

$$TINV_{i,t} = \gamma_0 + \gamma_1 EXPAND_{i,t} + \gamma_2 REFORM_t + \gamma_3 EXPAND_{i,t} \times REFORM_t + \sum_{p=4}^{15} \gamma_p CONTROL_{i,t} + \sum_{q=16}^{32} \gamma_q IND_{i,t} + \sigma_{i,t} \quad (5-3)$$

① 本书设定假设和模型旨在检验会计准则变革在资本经营路径作用下对企业投资行为的影响，模型（5 -3）的目的是为了进一步检验会计准则变革在资本经营路径作用下对企业总投资水平的影响。模型的设定、交乘项的使用等在借鉴已有相关研究的基础上，更侧重基于古扎拉蒂和波特（Gujarati & Porter，2004）的计量经济学模型建立原理和布兰博尔（Brambor，2005）对交乘项使用的经验总结。

5.4.2 变量定义

被解释变量总体投资水平，用总体投资规模 *TINV* 表示，总体投资规模 = (并购金额 + 自行投资支出)/总资产 ×100%。

解释变量扩张方式 *EXPAND*，扩张方式与会计准则变革交叉项 *EXPAND* × *REFORM*，以及控制变量的设置与定义与前面（本章的第 5.2.1 节）相同。

5.4.3 样本选择与数据来源

为了保证进一步检验与主体检验的一致性，本节的数据来源、时间窗口，以及样本筛选和处理均与上文保持一致。

5.4.4 变量描述性统计

在进一步检验的变量描述性统计中可以更直观地看到，实施会计准则后，在基于扩张型资本经营战略下企业总体投资规模的发展趋势。表 5 -7、表 5 -8 分别对总体投资规模进行了分年度和分行业的描述性统计，同时表 5 -9 还汇报了均值 T 检验和 Wilcoxon 秩检验值。

表 5 -7　　分年度被解释变量的描述性统计（2）

时期	年度	观测值（个）	总体投资规模（%）				
			均值	中位数	标准差	最小值	最大值
旧准则	2004	300	15.74	10.74	13.85	1.78	36.79
	2005	245	13.44	10.49	11.53	2.41	28.45
	2006	266	13.61	9.97	13.41	2.54	29.88
现行会计准则	2007	407	17.76	12.04	17.94	2.95	47.61
	2008	449	16.67	12.10	15.57	0.38	38.61
	2009	462	15.68	9.73	16.70	2.76	39.39
	2010	501	15.57	11.59	14.45	3.01	32.41

续表

时期	年度	观测值（个）	总体投资规模（%）				
			均值	中位数	标准差	最小值	最大值
现行会计准则	2011	546	15.64	11.69	14.16	3.00	32.26
	2012	679	14.95	10.98	14.00	2.88	30.20
	2013	682	16.26	11.00	17.11	3.17	36.06
总计		4 537	15.69	11.04	15.26	0.38	47.61

资料来源：国泰安数据库（CSMAR）整理。

表5-8　　分行业被解释变量的描述性统计（2）

行业	观测值（个）	总体投资规模（%）				
		均值	中位数	标准差	最小值	最大值
农、林、牧、渔业	88	16.41	11.32	14.90	3.31	41.14
采矿业	139	22.12	16.82	17.18	7.23	40.87
制造业	2 671	14.93	11.12	13.47	3.35	29.83
电力、热力、燃气及水生产和供应业	204	19.16	15.40	15.62	5.24	37.81
建筑业	117	11.00	5.55	13.77	2.64	29.41
批发和零售业	292	14.51	8.99	15.01	2.41	35.59
交通运输、仓储和邮政业	178	19.57	13.19	18.44	3.61	45.68
住宿和餐饮业	19	24.73	25.46	16.06	7.75	47.41
信息传输、软件和信息技术服务业	201	18.64	11.95	18.12	3.53	44.38
金融业	39	2.11	0.58	3.45	0.38	7.82
房地产业	314	15.03	8.43	18.47	2.18	38.22
租赁和商务服务业	53	20.39	13.05	21.54	2.64	39.80
科学研究和技术服务业	14	11.12	6.33	10.28	3.55	27.65
水利、环境和公共设施管理业	42	21.97	12.76	24.20	2.37	47.61
居民服务、修理和其他服务业	13	19.48	9.81	23.57	6.89	47.35
教育、卫生和社会工作	125	15.10	8.99	16.80	2.48	40.81
文化、体育和娱乐业	28	18.75	8.76	23.14	2.14	44.87
总体	4 537	15.69	11.04	15.26	0.38	47.61

资料来源：国泰安数据库（CSMAR）整理。

表 5 -9　　准则变革前后 *TINV* 变量的 T 检验和 Wilcoxon 秩检验

变量名称	准则变革前均值（样本数：811 个）		准则变革后均值（样本数：3 726 个）		均值	中值
	均值	中值	均值	中值	T 值	Z 值
TINV	0.143	0.104	0.163	0.112	2.769 **	2.173 **

注：*** 表示在 0.01 的水平下显著，** 表示在 0.05 的水平下显著，* 表示在 0.1 的水平下显著。
资料来源：国泰安数据库（CSMAR）整理。

如表 5 -7 和表 5 -9 所示，正如前面第 5.3.1 节中所述，从观测值的年度分布情况来看，会计准则变革之后，采用扩张型资本经营的上市公司明显增加，并且有不断上升的趋势。在这种扩张型资本经营战略的带动下，企业的总体投资水平呈现出一种增长的态势，由会计准则实施之前的平均总投资规模 14.33%（2004 ~2006 年的加权平均），上升至会计准则实施之后的平均水平为 16.31%（2007 ~2013 年的加权平均），均值检验和 Wilcoxon 秩检验均为显著。并且，从均值分布看，现行会计准则实施当年增幅显著，其后虽然个别年度略有波动，但总体水平仍高于会计准则变革之前。

可见，实施扩张型资本经营战略对推动总体投资水平（如投资规模）的提高具有较明显的促进作用，会计准则变革会促进企业选择兼并、收购等对外投资作为主要投资方式进行资本经营活动，为企业实现“做大做强”的目标奠定了资本积累基础。

从表 5 -8 分行业情况来看，第一产业和第二产业（除制造业和建筑业之外）的总体投资水平均略高于总体平均水平（15.69%）；第三产业中的住宿和餐饮业，租赁和商务服务业，水利、环境和公共设施管理业的总体投资平均水平普遍达到 20% 以上，明显高于平均水平，其中科学研究和技术服务业，教育、卫生和社会工作显著性低于平均水平，有待进一步推进与发展。此外，金融行业的总体投资水平仍呈现出特殊性，同样如前面第 5.3.1 节中的分析解释，在进一步检验中也暂未予以剔除。

5.4.5　变量相关性分析

表 5 -10 报告了在进一步检验（对企业总体规模检验）的模型（5 -3）

中主要变量的 Spearman 相关系数。

表 5－10　　主要变量相关性分析（2）

变量	*TINV*	*EXPAND*	*REFORM*	*CASH*	*Tobin's Q*
TINV	1				
EXPAND	0.051***	1			
REFORM	0.041***	0.049***	1		
CASH	0.070***	0.023	0.189***	1	
Tobin's Q	0.052***	－0.007	0.232***	0.126***	1

注：*** 表示在 0.01 的水平下显著，** 表示在 0.05 的水平下显著，* 表示在 0.1 的水平下显著，表中的相关系数为 Spearman 检验系数。

资料来源：国泰安数据库（CSMAR）整理。

从表 5－10 来看，在扩张型资本经营的上市公司中，并购投资方式 *EXPAND* 与企业总体投资 *TINV* 显著正相关，相关系数为 0.051，在 0.01 的统计水平下显著，说明并购投资在扩张型资本经营的上市公司中对企业总体投资水平具有较强的促进作用。

此外，企业总体投资水平 *TINV* 与企业的现金流 *CASH*、*Tobin's Q* 值也均具有一种显著的正相关关系，其中与现金流的相关系数为 0.070，在 0.01 水平下显著，与托宾 Q 值的相关系数为 0.052，在 0.01 水平下显著，说明二者（*CASH* 和 *Tobin's Q*）也都是促进企业总体投资 *TINV* 的重要因素。

5.4.6　回归结果分析

表 5－11 报告了模型（5－3）最小二乘法（OLS）的回归结果。从表 5－11 的回归结果看，扩张型资本经营对企业总体投资规模在 0.01 的统计水平下显著正相关（回归系数为 0.071）；会计准则变革在扩张型资本经营战略的影响路径下，对企业的总体投资规模也具有明显的促进作用，并且在 0.01 的统计水平下显著正相关（回归系数为 0.031），说明假设 H3 得证。

表 5－11　　方程回归结果（2）

变量	模型（5－3）－*TINV*	
	系数	T 值
常数项	0.272***	6.06
EXPAND	0.071***	2.81
REFORM	0.030***	4.58
REFORM × *EXPAND*	0.031***	4.67
CASH	0.005	0.39
DEBT	－0.037***	－2.96
Tobin's Q	0.001	0.16
GROUP	0.002	0.41
SIZE	－0.021***	－9.06
GROW	0.001***	5.41
CONTROL	－0.041***	－5.19
BOARDMEET	0.004***	6.62
DUAL	0.002	0.38
BOARDSIZE	0.004***	3.29
INDEPENSIZE	0.031	0.71
EXECUHOLD	0.038	1.54
IND	控制	
样本数	4 537	
Adj-R^2	0.093	

注：*** 表示在 0.01 的水平下显著，** 表示在 0.05 的水平下显著，* 表示在 0.1 的水平下显著。
资料来源：国泰安数据库（CSMAR）整理。

5.5　稳健性检验

为了确保实证结果更可靠，本章还进行了基于时间窗口调整的稳健性检验。

5.5.1 样本选择与数据来源

首先，考虑到金融行业的特殊性，以及在描述性统计中体现出数据的极端性，虽然金融行业样本数不多，对样本总体影响不大，但出于稳健性考虑，在稳健性检验中还是将金融行业的39个观测值进行剔除；其次，考虑到2007年新会计准则实施初始时企业或有明显反映，以及2007～2008年金融危机事件的经济后果会对企业投资行为产生影响，本书在稳健性检验中调整了时间窗口，剔除2007年的观测值402个，剔除2008年的观测值443个。最终确定在稳健性检验中使用的观测值为3 652个。

5.5.2 回归结果分析

首先，表5－12报告了对模型（5－1）和模型（5－2）的稳健性检验回归结果。

表5－12　　稳健性检验方程回归结果（1）

变量	模型（5－1）－*MA*		模型（5－2）－*NBTZ*	
	系数	T值	系数	T值
常数项	0.255***	7.50	0.114***	4.94
REFORM	0.030***	5.09	0.036	1.51
EXPAND			0.022	1.04
REFORM×*EXPAND*			0.005*	1.73
CASH	0.011	0.76	－0.019*	－1.84
DEBT	0.007	0.64	－0.044***	－5.44
Tobin's Q	0.003	1.15	－0.004***	－2.70
GROUP	0.004	0.93	－0.004	－1.33
SIZE	－0.019***	－8.72	－0.002	－1.23
GROW	0.001***	5.43	0.001*	1.90

续表

变量	模型（5-1）-*MA*		模型（5-2）-*NBTZ*	
	系数	T值	系数	T值
CONTROL	-0.026***	-3.54	-0.020***	-3.91
BOARDMEET	0.002***	3.55	0.001***	3.50
DUAL	0.003	0.49	-0.002	-0.46
BOARDSIZE	0.000	0.01	0.002***	3.13
INDEPENSIZE	-0.023	-0.61	0.029	1.09
EXECUHOLD	-0.009	-0.27	0.048***	3.44
IND	控制		控制	
样本数	3 652		3 652	
Adj-R^2	0.080		0.105	

注：*** 表示在0.01的水平下显著，** 表示在0.05的水平下显著，* 表示在0.1的水平下显著。
资料来源：国泰安数据库（CSMAR）整理。

从表5-12稳健性检验的回归结果看，在剔除现行会计准则实施之初的变革影响，以及金融危机可能导致对企业资本经营和投资行为具有的重大影响之后，在实施扩张型资本经营战略的企业中，会计准则实施之后对上市公司的对外投资方式（并购），具有显著性影响，但对对内投资方式（自行投资）的影响作用不显著，与前面的检验结果相一致。其中，会计准则变革*REFORM*对企业对外投资方式（并购）*MA*的影响为0.030，在0.01的统计水平下显著，说明对会计准则变革对并购类型的企业资本经营扩张有促进作用，即原假设H1仍然成立；在以并购模式进行资本经营扩张的企业中，会计准则变革与企业选择对外投资方式（即*REFORM*×*EXPAND*）对企业进行自行投资*NBTZ*的显著正相关，回归系数为0.005，在0.1的统计水平下显著，原假设H2也仍然成立。

其次，表5-13报告了对模型（5-3）的稳健性检验回归结果。

表 5 - 13　　稳健性检验方程回归结果（2）

变量	模型（5 - 3） - *TINV*	
	系数	T 值
常数项	0. 328 ***	6. 06
EXPAND	0. 065 **	2. 50
REFORM	0. 033 ***	4. 76
REFORM × *EXPAND*	0. 034 ***	4. 83
CASH	0. 006	0. 32
DEBT	- 0. 033 **	- 2. 24
Tobin's Q	0. 001	0. 45
GROUP	0. 001	- 0. 03
SIZE	- 0. 022 ***	- 8. 19
GROW	0. 001 ***	5. 58
CONTROL	- 0. 047 ***	- 5. 16
BOARDMEET	0. 003 ***	4. 92
DUAL	0. 001	0. 18
BOARDSIZE	0. 003 *	1. 84
INDEPENSIZE	0. 010	0. 20
EXECUHOLD	0. 038	1. 51
IND	控制	
样本数	3 652	
Adj-R^2	0. 079	

注：*** 表示在 0. 01 的水平下显著，** 表示在 0. 05 的水平下显著，* 表示在 0. 1 的水平下显著。
资料来源：国泰安数据库（CSMAR）整理。

从表 5 - 13 稳健性检验的回归结果看，以并购为主的资本经营扩张 *EXPAND* 会促进企业总体投资水平 *TINV* 的增加，回归系数为 0. 065，在 0. 05 的统计性水平下显著；并且会计准则变革 *REFORM*、企业实施扩张型资本经营战略与会计准则变革 *REFORM* × *EXPAND*，对企业的总体投资水平 *TINV* 都具有明显的促进作用，其回归系数分别为 0. 033、0. 034，并都在 0. 01 的统计性水平下显著，说明进一步检验中的假设 H3 也依然成立。

综上，从通过调整窗口后数据的稳健性检验回归结果来看，回归结果与原检验结果一致，说明原假设 H1、原假设 H2 和原假设 H3 均依然成立。

5.6 本章小结

本章以检验会计准则对企业资本经营战略以及投资方式的影响为目标，并以扩张型资本经营为例进行了具体实证设计与检验，利用最小二乘法（OLS）建立多元线性回归模型，以我国 A 股上市公司 2004 ~ 2013 年数据为样本，以 2007 年为会计准则变革事件的分界点，对会计准则变革下的企业扩张型资本经营和投资方式选择进行了研究。

研究结论显示，在扩张型资本经营的企业中，会计准则变革会提高信息质量和降低信息不对称，因此会对企业实施资本经营扩张战略具有促进作用；在这种促进作用的影响下，当存在资本扩张投资机会时，对企业选择并购式的投资方式促进作用更显著，增进了企业资本经营运作。并且，在扩张型资本经营战略的主导下，会计准则变革还会对企业的资本经营与投资方式（对内投资和对外投资）的选择之间，起到一种积极的促进作用和协调作用。

通过进一步检验发现，会计准则变革在通过采用并购式投资方式实现资本扩张时，对企业总体投资水平的促进作用也比较显著，即会计准则变革对企业通过资本经营实施的路径提升总体投资水平，进而对未来投资扩张进行资本积累同样会具有一定的促进作用。

最后，本章通过调整观测窗口数据的方法，剔除了与经济有关的重大影响事件（如会计准则实施年和金融危机事件等）年度的观测值数据，对三个假设的回归结果再次进行了稳健性检验，检验结果与原回归结果相同，再次说明原假设成立。

6 会计准则变革与企业投资结构研究：基于资本结构的调整

资本经营管理的职能应包括资本经营计划、资本经营组织与指挥、资本经营协调与控制、资本经营考评等环节。其目的是通过对资本的经营管理实现对资本的优化配置。会计在企业经营管理中至关重要，因此，会计准则变革会影响企业对资本的优化配置行为，进而影响企业的投资结构变化，具体表现为：在企业的资本经营过程中，会计准则变革会促进企业调整资本结构，以实现投资结构的优化。本章从上市公司中选择具有资本经营活动的企业为样本，研究会计准则变革对资本结构和投资结构的影响。本章内容安排如下：6.1 节理论分析与研究假设；6.2 节研究设计；6.3 节实证研究与分析；6.4 节稳健性检验；6.5 节本章小结。

6.1 理论分析与研究假设

会计为企业资本经营管理提供信息媒介，企业的资本经营状况可以通过资产负债表、利润表、现金流量表等反映出来。因此，会计准则变革引起的企业会计行为以及会计信息的变化，直接影响着企业的资本经营管理决策和投资决策，这种影响会反映在企业的总体投资水平上。并且，这种影响会通过财务报告的形式表现出来，具体反映在企业资本结构①变化和投资结构②变化上。

诺斯（North，1981）提出的路径依赖理论，为会计准则变革会对企业资本经营管理和投资行为产生长期影响提供了理论支持，会计准则变革的经济后果会在企业资本循环过程中不断被巩固和加深。对企业的管理者而言，在企业的资本经营循环和投资过程中，会计信息是一把“双刃剑”：一方面，管理者可以运用会计信息对资本经营和企业投资进行有效管理；另一方面，管理者行为受来自治理者的监督，会计信息又是监督管理者的有效监督工具。因此，会计准则变革会对企业管理者产生重要影响，这种影响包括对企业资本经营管理以及投资行为的影响，并且，这种影响是一种长期的循环式影响。

会计准则变革会通过影响企业的资本配置与投资配置，来影响企业资本经营管理以及投资行为。例如：哈罗（Harlow，1991）使用会计信息，运用直观计量法衡量风险，从风险规避者角度出发，分析了低风险框架下的资产组合会带来更多的预期收益；夏普（Sharpe，1992）从管理风格与绩效衡量的视角研究了资产配置问题，检验了在不同资本市场管理下的投资组合与投资绩效，发现管理者管理风格不同对绩效衡量的反应会有差异，并且影响了企业的资产配置行为；刘泉军等（2006）分析认为公允价值的适度运用不会成为利润操纵的工具，债务重组不会被滥用，利用减值准备调节利润空间越来越小；埃沃特等（Ewert et al.，2005）检验了会计准则变革对企业盈余管理的影响，研究区别了会计盈余管理和真实盈余管理，发现准则变革会引起管理者从会计盈余管理向真实盈余管理选择的动机与行为；蔡等（Chua et al.，2012）研究了澳大利亚强制性采用 IFRS 对会计质量的影响，发现强制

---

① 资本结构，是指企业各种资本的价值构成及其比例关系，通常用负债的比例或负债对总资产的比例关系表示。借鉴弗兰尼和兰根（Flannery & Rangan，2006）、库克和唐（Cook & Tang，2010）、姜付秀和黄继承（2011）等文献，本书定义资本结构为有息负债总额与总资产的比例。

② 投资结构，是指在一定时期的投资总量中，各要素的构成及其数量比例关系，可以表示企业的投资水平（或投资支出）情况。借鉴斯特朗和梅耶（Strong & Meyer，1990）、理查德森（Richardson，2006）以及李远勤等（2011）一些文献的测度方法，本书定义：企业的总投资支出 = 固定资产存量增加 + 新增折旧额和摊销 + 长期投资增加额 + 营运资本追加额；投资水平 = 投资支出/总资产；投资结构表示为投资支出的基本构成与总资产之比。

性采用 IFRS 提高了会计质量，降低了无处不在的盈余管理（平滑式），对第一时间确认损失的水平也有所提高。

会计准则变革会通过契约变化影响企业资本经营管理和投资行为。例如：沃加里斯（Voulgaris，2011）指出会计准则变革是管理层激励契约的基础，会计准则变革引发企业激励契约的利益结构调整，也将引导企业相关行为（包括投资行为）的变化。奥兹坎等（Ozkan et al.，2012）基于管理薪酬方面检验了强制性采用 IFRS 和会计信息的契约有用性。这种有用性被薪酬业绩敏感性（pay performance sensitivity，PPS）和相对业绩/相关绩效估值（related performance evaluation，RPE）所反映出来。采用 IFRS 后调整高管薪酬契约具有较高的盈余质量和可比性，建立在企业投资业绩之上的管理薪酬使管理者更有动机通过促进企业投资效率来获得个人激励；并且，基于风险控制和优化资源配置的管理动机，现行会计准则提供的会计处理方法还会影响管理者的企业投资配置行为。张国昌（Zhang，2013）基于资本资产定价模型（CAPM），运用数理分析法论证了会计准则变化可以影响企业实际投资决策。张先治和晏超（2018）基于资本资产定价模型（CAPM）进行理论分析发现会计准则变革与资本成本、企业投资行为之间存在逻辑关系。

可见，准则变革带来的会计信息质量提高，会通过降低信息不对称缓解代理冲突，从而降低信息成本和交易成本，提高企业资本经营运作的效率和效果。并且会计准则变革会通过具体准则变化规范和约束企业的会计行为，影响基于会计信息进行的管理行为，包括对企业资本经营的管理以及对企业投资的管理，使管理者深化资本经营理念，使企业的资源配置更符合资本保值增值的基本目标。在企业资本经营循环和投资循环过程中，会计准则变革的这种影响被不断传递和加深，其作用效果（资源配置合理化）最终会通过财务信息的形式反馈出来，即表现在企业资本结构和投资结构的变化上，以促进企业提高投资水平，实现企业资本经营目标。

因此，可以建立如下假设：

在企业的资本经营运作中，会计准则变革会通过资本结构的变化促进企业投资结构变化，提高企业总体投资水平。

以上假设的原理可以通过图 6－1 予以说明。

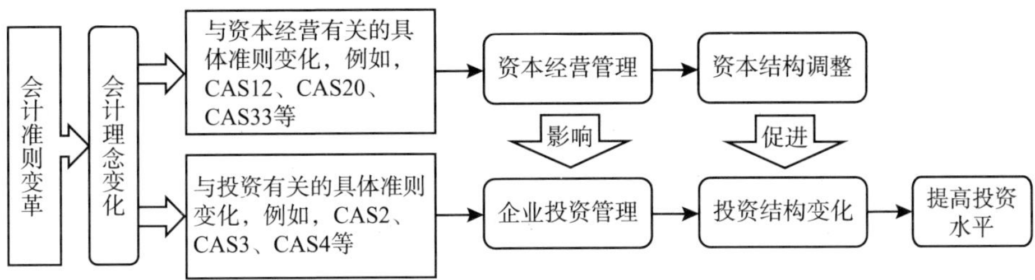

图6－1　会计准则变革与企业投资结构变化假设机理：基于资本结构调整

6.2　研究设计

首先，根据本章实证研究主题进行变量定义，包括被解释变量资本结构与投资结构的定义与度量、解释变量会计准则变革事件的设定、构建会计准则变革事件与资本经营变量的交乘项，以及选择适当的控制变量并对其进行定义与度量。其次，设计多元线性回归模型，借助计量经济学研究工具，构建会计准则变革、资本经营管理表现形式之资本结构与企业投资管理表现形式之投资结构三者之间的实证关系。最后，根据实证研究需要选择样本及其相关数据。

本章研究数据主要来源于国泰安数据库（CSMAR）。研究设计的目的是从资本结构调整的视角出发，分析并检验会计准则变革与企业投资结构之间的关系，发现在企业资本经营过程中，会计准则变革通过资本结构调整对投资结构变化，以及对总体投资水平带来的影响。

6.2.1　变量定义

本章主要考察的是会计准则变革对资本经营管理及其对投资结构的影响，为此，分别设置了如下变量：被解释变量，即资本结构和投资结构；解释变量，即会计准则变革事件；控制变量，根据相关理论及文献设置了控制变量。

6.2.1.1　被解释变量

投资水平变量，用标准化的投资支出（*SI*）表示，本书对投资支出的设定借鉴了斯特朗和梅耶（Strong & Meyer，1990）、理查德森（Richardson，2006）以及李远勤等（2011）的测度方法，包括总投资（支出）水平 SI_{TOTAL}、固定资产投资（支出）水平 SI_{FIX}、维持性投资（支出）水平 $SI_{MAINTANCE}$、长期投资（支出）水平 SI_{LONG}、追加营运资本投资（支出）水平 $SI_{WORKING}$ 等。企业投资支出及其主要构成和计算方法具体如表6－1所示。

表6－1　投资支出主要构成和计算方法

变量名称	变量符号	计算方法
总投资支出	I_{TOTAL}	固定资产存量增加＋新增折旧额和摊销＋长期投资增加额＋营运资本追加额
固定资产投资增加额	I_{FIX}	固定资产存量增加额
维持性投资	$I_{MAINTANCE}$	新增折旧与摊销额
长期投资增加额	I_{LONG}	长期投资增加额
追加营运资本	$I_{WORKING}$	存货的变化＋应收账款的变化－应付账款的变化

注：本书在实证设计中对表中的投资支出变量均进行了标准化处理，构成投资结构变量，如总投资（支出）水平＝投资支出总额/总资产，并表示为 SI_{TOTAL}。

6.2.1.2　解释变量

会计准则变革变量，用会计准则变革事件虚拟变量（*REFORM*）表示，当会计准则变革事情发生时取值为1，当该事件未发生时，则取值为0，即以现行会计准则实施年份为分界，2007年及以后的年份取值为1，2007年以前的年份取值为0。

资本结构变量，用资本结构（*LEV*）表示，为上一期的资产负债率。会计准则变革与资本结构变量，用会计准则变革和资本结构变化的交乘项 *REFORM*×*LEV* 表示。其中资本结构 *LEV* 为有息负债总额/总资产，其中有息负债＝短期贷款＋应付票据＋一年内到期的非流动负债＋应付短期债券＋长期借款＋应付债券（Flannery & Rangan，2006；Cook & Tang，2010；姜付秀和黄继承，2011）。为了检验资本经营运作完成导致的资本结构变化，以及会计准则变革与资本结构已经发生的变化对企业未来投资结构变化及投资水平产生的影响，资本结构变量取自上一期的计算数据。并且，资本结构与会计准则变革的交乘项也做相同处理。

6.2.1.3 控制变量

本书控制变量的选择和设定借鉴了姜付秀等（2008）和顾水彬（2013）对企业投资行为研究中的相关界定。设定了行业变量（*IND*），利用样本的所处行业作为行业控制变量，根据中国证监会的行业分类标准设定虚拟变量，以考虑行业固定效应。由于解释变量中的会计准则变革已经是按照年度设置的虚拟变量，考虑到可能存在的共线性问题，因此没有再单独设置年度（*YEAR*）控制变量①。

此外，与第5章中的设置原则类似，结合本章的实证设计选择并定义了其他控制变量：企业投资机会变量，选择托宾Q来代替投资机会，并取托宾Q值衡量投资机会；企业实际控制人类别（*CONTROL*），国有股股东取1，否则取0；二职合一情况（*DUAL*），董事长与总经理职务重合取1，否则取0；独立董事规模（*INDEPENSIZE*），独立董事人数/董事会总人数；高管持股比例（*EXECUHOLD*），所有高管持有的股票数/公司总股数；管理层持股比例（*MANAGHOLD*），所有管理层持有的股票数/公司总股数；母公司是否是集团公司（*GROUP*），上市公司的母公司是集团公司取1，否则取0；企业规模（*SIZE*），企业年初总资产的自然对数。

以上具体变量定义如表6-2所示。

表6-2　　变量定义

变量类型	变量符号	变量名称	变量界定
被解释变量	*SI*	投资（支出）水平	投资支出/总资产
解释变量	*REFORM*	会计准则变革	虚拟变量，2007年及以后的年份取值为1，2007年以前的年份取值为0
	LEV	资本结构	有息负债总额/总资产
	REFORM×LEV	会计准则变革与资本结构交乘项	会计准则变革变量乘以资本结构变量

① 本书设计之初考虑到年度固定效应问题，出于稳健性考虑对后面回归分别做了包含与不包含年度（*YEAR*）控制变量的检验，发现是否包含年度控制变量的回归结果都是一致的。

续表

变量类型	变量符号	变量名称	变量界定
控制变量	*CONTROL*	实际控制人类别	国有股股东取0，否则取1
	DUAL	二职合一情况	董事长与总经理职务重合取1，否则取0
	INDEPENSIZE	独立董事规模	独立董事人数/董事会总人数
	EXECUHOLD	高管持股比例	所有高管持有的股票数/公司总股数
	MANAGHOLD	管理者持股比例	所有管理层持有的股票数/公司总股数
	Tobin's Q	企业投资机会	Tobin's Q 值
	SIZE	企业规模	企业年初总资产的自然对数
	GROUP	母公司是否是集团公司	上市公司母公司是集团公司取1，否则取0
	IND	行业	行业虚拟变量，按中国证监会的分类标准设置

6.2.2 模型设定

借鉴坦等（Tan et al.，2009）及大部分学者利用的政策变革事件研究方法，本书将会计准则设置为虚拟变量，并根据相关假设需要，设置事件虚拟变量的交叉来研究发现准则变革前后的影响。以更清楚地分析会计准则变革后对企业资本经营管理，以及在资本经营管理的作用下会计准则变革对企业投资结构变化的影响。

为验证本章中的假设而设定的模型（6-1）①。

$$SI_{i,t} = \beta_0 + \beta_1 REFORM_t + \beta_2 LEV_{t-1} + \beta_3 REFORM_{t-1} \times LEV_{t-1} + \sum_{p=4}^{11} \beta_p CONTROL_{i,t} + \sum_{q=12}^{27} \beta_q IND_{i,t} + \delta_{i,t} \tag{6-1}$$

模型（6-1）中的被解释变量为投资水平 SI，包括总投资水平 SI_{TOTAL}、维持性投资水平 $SI_{MAINTANCE}$ 等变量（详见表6-1）；解释变量为资本结构 LEV（上一期）、会计准则变革 $REFORM$、资本结构与会计准则变革的交叉项 $REFORM \times LEV$（上一期），主要检验在资本经营过程中，会计准则变革与企业资本结构的变化对企业投资结构的影响。其中资本结构 LEV 和交乘项 RE-

① 本书设定假设和模型旨在检验会计准则变革在资本经营路径作用下对企业投资行为的影响，模型（6-1）的目的是检验会计准则变革在资本结构变化下对企业投资行为的影响。模型的设定、交乘项的使用等在借鉴已有相关研究的基础上，更侧重基于古扎拉蒂和波特（Gujarati & Porter，2004）的计量经济学模型建立原理和布兰博尔（Brambor，2005）对交乘项使用的经验总结。

$FORM \times LEV$ 均取自上一期（即 $t-1$ 期）的计算数据。

6.2.3 样本选择与数据来源

6.2.3.1 数据来源

本章使用的公司财务数据、资本经营数据，以及相关的公司基本信息数据与第5章相同，均来自国泰安数据库（CSMAR）。并参照中国证监会的上市公司行业分类标准，同样对企业进行了行业分类。此外，根据本章实证检验需要，增加了对资本经营中重组数据的选择。

6.2.3.2 时间窗口

本章样本及数据的时间窗口选择依据与第5章相同。同样，本章研究设计中的一些变量计算涉及前一年度（或下一年度）的财务数据取值，因此，本章最终确定选择对2003～2012年的上市公司相关数据进行筛选。

类似地，本章节主要研究目的是检验会计准则变革下对资本经营管理和企业投资结构的影响，选择2003～2006年的数据，即会计准则变革以前的相关数据，是为了通过比较更好地分析出会计准则变革对资本结构，以及二者对投资结构的综合影响。

6.2.3.3 样本筛选

为了检验本章的研究假设，本书对样本进行了如下筛选：

首先，选择2003～2012年有资本经营行为（包括并购行为和重组行为），即在研究年度内发生了作为主并购方的并购事件，或发生了作为卖方的重组事件的所有上市公司作为研究样本。选取范围是全部的A股上市公司，并对样本做出如下处理：第一，剔除ST、*ST、S、SST、S*ST等非正常交易的样本；第二，剔除财务数据缺失（包括研究年度前一年数据缺失）的样本；第三，剔除并购或重组交易不成功的样本；第四，剔除并购或重组交易中出现缺失值或异常值[①]的样本；第五，在剔除了关联交易的并购或重组事

① 考虑到可能由于数据导入错误或信息有误等一些原因，在筛选数据过程中，发现一些并购或重组金额出现负值或0值，在本书中对其予以剔除。

件后，对每家公司在每年的并购和重组事件进行合并统计。在经过上述筛选和处理后，最终得到2003～2012年共计5 397个观测值的样本数据。数据处理和统计分析采用Stata 12.0和Excel实现。具体观测值的分布参见表6－3。为了减轻离群值的影响，本书在回归之前对主要指标进行了Winsorized（首尾1%和99%）的缩尾处理。

表6－3　分年度主要被解释变量 SI_{TOTAL} 的描述性统计

时期	年度	观测值（个）	总投资水平（%）		
			均值	中位数	标准差
旧准则	2003	459	4.46	3.20	21.46
	2004	447	5.30	3.54	22.61
	2005	445	2.41	1.93	21.37
	2006	444	3.97	2.49	23.35
现行会计准则	2007	423	7.21	4.82	23.00
	2008	501	5.15	3.27	21.28
	2009	545	4.56	2.69	21.96
	2010	585	10.09	6.65	23.01
	2011	771	12.26	8.06	26.21
	2012	777	7.19	4.50	23.55
总计		5 397	6.73	4.22	23.23

注：根据本书对资本结构和总投资水平的定义，表中的资本结构（LEV）= 有息负债总额/总资产，总投资水平（SI_{TOTAL}）= 投资支出总额/总资产。

资料来源：国泰安数据库（CSMAR）整理。

6.3　实证研究与分析

6.3.1　变量描述性统计

本书主要基于资本经营视角，研究会计准则变革对企业投资行为的影响，在样本选择和数据筛选上都以具有资本经营活动的上市公司数据为基础。为了更好地说明资本经营在现代企业经营中的普遍性，以及在会计准则变革之后年度显现出的增长趋势，在进行被解释变量描述性统计分析之前，表

6－4 和图 6－2 首先分年度对基于资本经营的样本公司进行了描述性统计和趋势分析。

表 6－4　　分年度样本公司分布的描述性统计　　单位：个

时期	年度	并购样本	重组样本	非并购/重组样本	合计
旧准则	2003	101	152	206	459
	2004	111	156	180	447
	2005	84	150	211	445
	2006	91	176	177	444
现行会计准则	2007	130	178	115	423
	2008	170	214	117	501
	2009	152	274	119	545
	2010	193	246	146	585
	2011	261	268	242	771
	2012	258	284	235	777
总计		1 551	2 098	1 748	5 397

资料来源：国泰安数据库（CSMAR）整理。

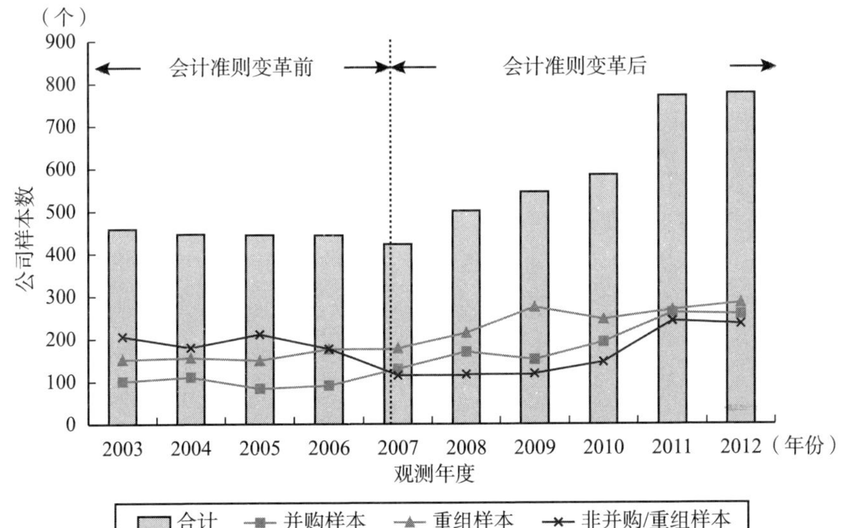

图 6－2　会计准则变革前后样本公司资本经营情况的趋势分析

资料来源：国泰安数据库（CSMAR）整理。

从表6－4的统计数据来看，以并购、重组方式进行资本经营已成为现代企业经营的主要模式，从样本总体看，并购式资本经营的样本所占比重为28.74%（1 551/5 397），重组式资本经营的样本所占比重为38.87%（2 098/5 397），二者合计共占总体样本数的67.61%（并购样本总计与重组样本总计之和除以总体样本数），而没有发生并购或重组事件的样本数仅占32.39%（1 748/5 397）。并且，从年度分布情况来看，在现行会计准则实施之后，并购、重组事件的发生次数明显增多，总体呈增长趋势。这虽然受我国宏观政策的重要影响，尤其是与我国“十一五”规划中提出的“推进工业结构优化升级”，以及“十二五”规划中提出的“发展现代产业体系，提高产业核心竞争力”等政策性要求有关，但从表6－4中的统计性数据来看，从2007年会计准则实施开始，资本经营活动事件（尤其是并购事件）开始进入突破性增长阶段，更加说明了会计准则变革适应了现代宏观经济的发展要求，在对现代企业的资本经营起到促进作用。

从图6－2看，会计准则实施之后以并购、重组方式进行其本经营的样本公司呈现出明显的增长趋势，尤其是并购事件在2007年呈现出显著增长趋势。从年度趋势上看，重组事件的发生数一直普遍大于并购事件的发生数，并从2011年开始有趋同发展的趋势。这恰好符合“十一五”规划的发展阶段要求，从上市公司来看，企业普遍采用资本经营方式响应国家“推进工业结构优化升级”的规划纲领号召，并从2011年进入“十二五”规划发展阶段开始，随着新纲要“发展现代产业体系，提高产业核心竞争力”的经济发展要求，企业也进入了一个相对稳定的深化发展调整阶段。会计准则的实施完全顺应这种时代发展要求，相对比而看，旧准则并未见在此方面起到促进作用，2006年及以前年度企业的资本经营活动明显不及2007年（现行会计准则实施年）以后活跃。可见，会计准则变革会对现行会计准则与企业资本经营发展相协调，以及与国家政策变化趋势相协调起到一种促进作用。

本书接下来是对主要被解释变量总体投资水平 SI_{TOTAL} 进行描述性统计与分析，详见表6－3和表6－5。

表 6-5　　准则变革前后 SI_{TOTAL} 变量的 T 检验和 Wilcoxon 秩检验

变量名称	准则变革前均值（样本数：1 795 个）		准则变革后均值（样本数：3 602 个）		均值	中值
	均值	中值	均值	中值	T 值	Z 值
SI_{TOTAL}	0.040	0.028	0.081	0.051	6.018***	6.861***

注：*** 表示在 0.01 的水平下显著，** 表示在 0.05 的水平下显著，* 表示在 0.1 的水平下显著。

资料来源：国泰安数据库（CSMAR）整理。

如表 6-3 和表 6-5 所示，从被解释变量投资结构变量之主要变量 SI_{TOTAL} 的分年度描述性统计来看，企业的总体投资水平在会计准则变革之后普遍增高，由会计准则变革之前的平均值不到 4%，提升为现行会计准则实施之后的 8.07%，平均增幅明显，均值 T 检验和 Wilcoxon 秩检验均显著。

以上对描述性统计的分析表明，从分年度的描述性统计来看，会计准则变革对提高企业投资水平有促进作用。

接下来，表 6-6 是对被解释变量中的主要变量总体投资水平 SI_{TOTAL} 变量进行分行业的描述性统计。

表 6-6　　分行业被解释变量（总投资水平 SI_{TOTAL}）的描述性统计

行业	观测值（个）	总投资水平（%）				
		均值	中位数	标准差	最小值	最大值
农、林、牧、渔业	118	7.22	4.18	17.06	-8.80	27.47
采矿业	75	7.94	3.21	26.32	-19.76	54.18
制造业	3 504	7.44	4.97	22.60	-10.46	31.83
电力、热力、燃气及水生产和供应业	233	4.39	2.53	26.77	-12.62	35.62
建筑业	90	13.35	10.92	27.05	-15.67	47.56
批发和零售业	299	0.85	0.32	24.50	-26.75	31.46
交通运输、仓储和邮政业	234	3.44	1.67	23.15	-13.01	24.81
住宿和餐饮业	35	1.13	-1.01	10.80	-8.34	15.28
信息传输、软件和信息技术服务业	186	7.24	5.08	21.95	-9.16	32.76
房地产业	239	8.91	4.52	30.45	-20.76	48.90

续表

行业	观测值（个）	总投资水平（%）				
		均值	中位数	标准差	最小值	最大值
租赁和商务服务业	88	6.67	3.35	16.31	-3.98	24.37
科学研究和技术服务业	23	1.35	5.94	22.46	-14.59	21.83
水利、环境和公共设施管理业	50	2.18	1.95	22.77	-9.99	14.63
居民服务、修理和其他服务业	20	11.35	2.65	27.83	-21.45	58.67
文化、体育和娱乐业	26	5.61	2.29	30.24	-31.53	45.26
公共管理、社会保障和社会组织	177	5.08	2.91	19.57	-9.53	26.98
总计	5 397	6.73	4.22	23.23	-31.53	58.67

注：本书对表中变量进行了标准化处理，如总投资水平 = 投资支出总额/总资产，并表示为 SI_{TOTAL}。

资料来源：国泰安数据库（CSMAR）整理。

表6-6是对被解释变量之重要变量总体投资水平 SI_{TOTAL} 进行的分行业描述性统计。从企业投资结构的分行业统计情况来看，第二产业的建筑业投资水平最高，总投资水平均值达到13.35%，这与建筑业自身特征，以及近年建筑业呈现出的迅速增长态势有关；第三产业的居民服务、修理和其他服务业投资水平排行第二，总投资水平均值为11.35%，同样说明受到了行业发展的趋势影响。对比而言，首先，第三产业中的批发和零售业的投资水平最低，仅为0.85%，这与电子商务发展的冲击导致传统零售业遭遇瓶颈的现状有关，零售业正处在企业发展的低潮期，导致行业的投资水平也持续低迷；其次，第三产业中的住宿和餐饮业的投资水平倒数第二，为1.13%，与住宿和餐饮业正在经历泡沫排挤阶段的调整有关。此外，第三产业中的科学研究和技术服务业（1.35%），水利、环境和公共设施管理业（2.18%），交通运输、仓储和邮政业（3.44%）等投资水平明显偏低，呈现出一种不平衡的发展现状。

6.3.2 变量相关性分析

表6-7报告了标准化处理后的被解释变量投资结构 SI_{TOTAL}，及其主要构成（如 SI_{FIX}、$SI_{MAINTANCE}$、SI_{LONG}、$SI_{WORKING}$ 等）与解释变量资本结构 LEV、会计准则变革之间的Spearman相关系数，观察上述变量中两两之间的相关关系。

表 6 – 7　　主要变量（投资水平及其主要成分）相关性分析

变量	SI_{TOTAL}	LEV	$REFORM$	SI_{FIX}	$SI_{MAINTANCE}$	SI_{LONG}	$SI_{WORKING}$
SI_{TOTAL}	1.000						
LEV	0.052 ***	1.000					
$REFORM$	0.082 ***	–0.176 ***	1.000				
SI_{FIX}	0.542 ***	0.015	0.001	1.000			
$SI_{MAINTANCE}$	0.164 ***	0.071 ***	–0.001 *	–0.020	1.000		
SI_{LONG}	0.168 ***	0.010	–0.006	–0.020	0.020	1.000	
$SI_{WORKING}$	0.772 ***	0.036 ***	0.103 ***	–0.048 ***	0.001	–0.019	1.000

注：*** 表示在 0.01 的水平下显著；** 表示在 0.05 的水平下显著，* 表示在 0.1 的水平下显著；表中的相关系数为 Spearman 检验系数。

资料来源：国泰安数据库（CSMAR）整理。

从表 6 – 7 投资结构的相关性分析来看，首先，在资本经营运作模式下，企业的资本结构 *LEV*（上一期）与企业投资结构 SI_{TOTAL} 及其主要构成都显著正相关，其中资本结构 *LEV*（上一期）与总投资水平 SI_{TOTAL} 相关系数为 0.052，在 0.01 水平下显著；从投资结构的主要构成来看，资本结构 *LEV*（上一期）与维持投资水平 $SI_{MAINTANCE}$（相关系数 0.071，在 0.01 水平下显著）和追加营运资本投资水平 $SI_{WORKING}$（相关系数 0.036，在 0.01 水平下显著）也都显著正相关。其次，会计准则变革 *REFORM* 与企业投资结构 SI_{TOTAL} 相关系数为 0.082，在 0.01 水平下显著；会计准则变革 *REFORM* 与企业投资结构 $SI_{MAINTANCE}$ 相关系数为 –0.001，在 0.1 水平下显著；会计准则变革 *REFORM* 与企业投资结构 $SI_{WORKING}$ 相关系数为 0.103，在 0.01 水平下显著。此外，会计准则变革 *REFORM* 与企业资本结构 *LEV* 相关系数为 –0.176，在 0.01 水平下显著。

从以上两两相关系数分析结果看，会计准则变革 *REFORM* 与企业资本结构 *LEV* 之间存在负相关关系，说明会计准则变革降低了资本结构，即债务资本；会计准则变革 *REFORM* 与企业总投资水平 SI_{TOTAL} 之间存在正相关关系，说明会计准则变革促进了企业投资水平的提高。

6.3.3　回归结果分析

本书继续采用最小二乘法（OLS）的多元回归进行分析，表 6 – 8 报告了模型（6 – 1）的回归结果。

表 6-8　　方程回归结果

变量	SI_{TOTAL}		SI_{FIX}		$SI_{MAINTANCE}$		SI_{LONG}		$SI_{WORKING}$	
	系数	T 值	系数	T 值	系数	T 值	系数	T 值	系数	T 值
常数项	-0.995***	-12.53	-0.124***	-2.58	-0.224***	-16.65	-0.001	-0.83	-0.647***	-10.09
REFORM	0.047***	6.81	0.001	0.23	-0.002*	-1.89	-0.001	-0.35	0.045***	8.20
LEV	0.094***	4.97	0.013*	1.82	0.017***	5.28	0.002	0.94	0.062***	4.08
REFORM×LEV	0.056***	3.00	0.005	0.04	-0.008***	-2.66	0.002	1.19	0.064***	4.20
Tobin's Q	0.005**	2.16	0.002*	1.73	0.001*	1.80	-0.001*	-1.73	0.003	1.30
SIZE	0.048***	14.20	0.006***	3.06	0.011***	18.40	0.001*	1.72	0.031***	11.28
CONTROL	0.017*	1.86	0.002	0.41	-0.001	-0.23	-0.001	-0.18	0.015**	2.10
GROUP	-0.007	-0.93	-0.004	-1.02	-0.001	-0.55	-0.001	-0.64	-0.001	-0.12
DUAL	0.012	1.39	0.007	1.42	-0.001	-0.87	-0.002	-0.78	0.007	1.03
INDEPENSIZE	-0.064	-1.10	-0.084**	-2.38	0.022**	2.25	-0.013*	-1.81	0.010	0.22
EXECUHOLD	0.108**	2.01	0.008	0.25	-0.001	-0.16	-0.002	-0.18	0.104**	2.38
MANAGHOLD	0.025	0.77	0.004	0.21	0.006	1.12	0.002	0.21	0.013	0.51
IND	控制		控制		控制		控制		控制	
样本数	5 397		5 397		5 397		5 397		5 397	
Adj-R^2	0.153		0.113		0.158		0.087		0.161	

注：*** 表示在 0.01 的水平下显著，** 表示在 0.05 的水平下显著，* 表示在 0.1 的水平下显著。
资料来源：国泰安数据库（CSMAR）整理。

从表6-8中对企业投资水平影响的回归结果来看，在具有资本经营活动的企业中，会计准则变革和企业投资结构变化 *REFORM*×*LEV*（上一期），与企业总体投资水平 SI_{TOTAL} 在0.01的统计水平下显著正相关（回归系数为0.056），说明会计准则变革与资本结构变化对提高企业总体投资水平存在显著性的促进作用。具体而言，尤其对总投资支出中的维持性投资水平 $SI_{MAINTANC}$ 和追加营运资本的投资水平 $SI_{WORKING}$ 影响显著。总体而言，在会计准则变革与资本结构（*REFORM*×*LEV*，上一期）综合影响的作用下，对促进企业整体投资水平提升具有显著性的促进作用，原假设得证。

为了确保模型回归的有效性，本书对模型中的解释变量考察了是否存在完全共线性问题。在方程进行回归后计算了方差膨胀因子VIF，结果显示每个变量的VIF值均远小于5，其中模型（6-1）中解释变量的VIF均值为1.64，说明回归模型中的各个解释变量之间不存在完全共线性问题，方程回归结果可靠。

6.4 稳健性检验

为了确保实证结果更可靠，本章还进行了基于时间窗口调整的稳健性检验。

6.4.1 样本选择与数据来源

考虑到2007年会计准则实施之初对企业或有明显反映，及2007~2008年金融危机事件对企业投资行为的影响，本书在稳健性检验中调整了时间窗口，剔除2007年观测值423个，剔除2008年观测值501个。最终确定稳健性检验中的观测值为4 473个。

6.4.2 变量相关性分析

表6-9报告了稳健性检验的数据中，被解释变量投资结构之 SI_{TOTAL} 及其

主要构成与解释变量资本结构 *LEV*、会计准则变革 *REFORM* 之间 Spearman 相关系数。

表 6－9　稳健性检验的主要变量（投资结构及其主要构成）相关性分析

变量	SI_{TOTAL}	LEV	$REFORM$	SI_{FIX}	$SI_{MAINTANCE}$	SI_{LONG}	$SI_{WORKING}$
SI_{TOTAL}	1.000						
LEV	0.039***	1.000					
$REFORM$	0.098***	−0.214***	1.000				
SI_{FIX}	0.558***	0.010	0.003	1.000			
$SI_{MAINTANCE}$	0.154***	0.061***	−0.009	−0.026*	1.000		
SI_{LONG}	0.172***	0.012	−0.005	−0.027*	0.024	1.000	
$SI_{WORKING}$	0.765***	0.025*	0.121***	−0.041***	−0.003	−0.013	1.000

注：*** 表示在 0.01 的水平下显著，** 表示在 0.05 的水平下显著，* 表示在 0.1 的水平下显著，表中的相关系数为 Spearman 检验系数。

资料来源：国泰安数据库（CSMAR）整理。

从表 6－9 中的 Spearman 相关系数报告结果来看，资本经营模式下企业的资本结构 *LEV* 与企业总体投资水平 SI_{TOTAL} 及其主要构成显著正相关，其中资本结构变化 *LEV* 与投资结构 SI_{TOTAL} 相关系数为 0.039，在 0.01 水平下显著。从投资结构的主要构成来看，资本结构 *LEV* 与企业各项具体的投资水平也都正相关，尤其与维持投资水平 $SI_{MAINTANCE}$（相关系数 0.061，在 0.01 水平下显著）和追加营运资本 $SI_{WORKING}$（相关系数 0.025，在 0.1 水平下显著）分别显著正相关。并且，会计准则变革 *REFORM* 与企业总体投资水平 SI_{TOTAL} 和追加营运资本 $SI_{WORKING}$ 两两之间正相关关系也依然存在。综上，筛选后的数据中，在进行资本经营运作模式的企业中，会计准则变革与企业投资水平的正相关关系依然稳健。

6.4.3　回归结果分析

表 6－10 报告了对模型（6－1）的稳健性检验回归结果。

表 6－10　　稳健性检验方程回归结果

变量	SI_{TOTAL}		SI_{FIX}		$SI_{MAINTANCE}$		SI_{LONG}		$SI_{WORKING}$	
	系数	T 值	系数	T 值	系数	T 值	系数	T 值	系数	T 值
常数项	－0. 995***	－11. 17	－0. 124**	－2. 26	－0. 238***	－16. 18	－0. 001	－0. 82	－0. 646***	－10. 09
REFORM	0. 053***	7. 35	0. 002	0. 37	－0. 002*	－1. 82	－0. 001	－0. 31	0. 046***	8. 20
LEV	0. 086***	4. 11	0. 010*	1. 76	0. 015***	4. 33	0. 002	0. 93	0. 062***	4. 08
REFORM×LEV	0. 052**	2. 38	－0. 004	－0. 31	－0. 014***	－3. 83	0. 002	1. 17	0. 063***	4. 20
Tobin'sQ	0. 049*	1. 87	0. 003*	1. 70	0. 001*	1. 96	－0. 001*	－1. 72	0. 002	1. 30
SIZE	0. 048***	12. 46	0. 007***	2. 78	0. 011***	17. 67	0. 001*	1. 71	0. 031***	11. 28
CONTROL	0. 028***	2. 84	0. 006	0. 94	0. 002	1. 01	－0. 001	－0. 17	0. 015**	2. 10
GROUP	－0. 010	－1. 23	－0. 005	－1. 07	－0. 001	－0. 47	－0. 001	－0. 62	－0. 001	－0. 12
DUAL	0. 013	1. 30	0. 006	1. 01	－0. 001	－0. 78	－0. 002	－0. 77	0. 007	1. 03
INDEPENSIZE	－0. 049	－0. 77	－0. 105***	－2. 66	0. 025**	2. 32	－0. 012*	－1. 79	0. 010	0. 22
EXECUHOLD	0. 099*	1. 74	－0. 001	－0. 03	－0. 005	－0. 51	－0. 002	－0. 17	0. 103**	2. 38
MANAGHOLD	0. 108	0. 50	0. 007	0. 34	0. 008	1. 32	0. 002	0. 23	0. 013	0. 51
IND	控制		控制		控制		控制		控制	
样本数	4 473		4 473		5 397		5 397		5 397	
Adj-R^2	0. 152		0. 112		0. 157		0. 086		0. 160	

注：*** 表示在 0. 01 的水平下显著，** 表示在 0. 05 的水平下显著，* 表示在 0. 1 的水平下显著。
资料来源：国泰安数据库（CSMAR）整理。

从表6－10来看，在剔除现行会计准则实施之初的影响，以及金融危机可能导致对企业资本经营和投资行为具有重大影响的事件影响后，会计准则变革与上市公司的资本结构对企业投资结构调整、提升总体投资水平提升仍然存在着显著性影响，其具体影响与前面的检验结果基本一致。

6.5 本章小结

本章以检验会计准则变革对企业资本经营管理以及投资结构的影响为目标，进行了具体实证设计与检验，利用最小二乘法（OLS）建立多元线性回归模型，以我国A股上市公司2003～2012年数据为样本，以2007年为会计准则事件的分界点，对会计准则下的企业的资本经营管理和投资结构调整进行了研究。

研究结论显示，由于会计准则变革带来的会计信息质量提高，会降低信息不对称并缓解代理冲突，进而降低交易成本，促进企业资本经营运作的实现与完成。由此引起的资本结构变化（如减低资本结构），会引起企业的投资结构发生变化，如促进企业增加营运资本投资水平、促进企业资产的运营活力等，并从整体上促进了企业总体投资水平的进一步提高。

最后，本章通过调整观察窗口数据的方法，剔除了与经济有关的重大影响事件（如会计准则实施年份和金融危机事件等）年度的观测值数据，对两个假设的回归结果进行了稳健性检验，检验结果与原回归结果相同，再次证明原假设成立。

7
会计准则变革与企业投资效率研究：基于资本经营效益的实现

在资本经营战略的指导下，企业会通过资本经营管理实现资本经营运作，其根本目的是实现资本保值增值目标。用会计信息衡量资本运作指标是其他非财务信息所无法替代的，因此，会计准则变革还会对企业资本经营的评价起到重要作用。并且，企业的资本经营与投资效率密切相关，所以基于资本经营的视角，会计准则变革对企业投资效率的促进作用主要体现在，通过推动企业投资水平的提高而促进资本经营效益的实现。本章在第 6 章所选择的进行资本经营运作的样本公司中进行了进一步筛选，研究会计准则变革对通过提高投资水平促进资本经营效益实现的影响。本章具体内容安排如下：7. 1 节理论分析与研究假设；7. 2 节研究设计；7. 3 节实证研究与分析；7. 4 节稳健性检验；7. 5 节本章小结。

7.1 理论分析与研究假设

企业的资本经营会通过流动、收购、兼并、战略联盟、股份回购、企业分立、资产剥离、资产重组、破产重组、债转股、租赁经营、托管经营、参股、控股、交易、转让等各种途径优化配置，提高投资效率，实现资本经营效益①，以实现资本最大限度增值的目标。会计信息在企业提高投资效率、实现资本经营效益等方面发挥着不可替代的重要作用，如提供决策参考、计量标准和评价依据等。因此，会计准则变革还会对基于资本经营运作企业的投资效率产生重要影响，具体表现为：准则变革会对通过推动企业提高投资水平而对企业实现资本经营效益产生促进作用。

经济后果学说（Zeff，1978；Rappaport，1977；Mautz，1975）认为，财务报告不再只是一种中性的技术信息，它会对使用会计信息的利益相关者产生导向性的影响作用（Tomo，2003；葛家澍，1996）。利益相关者对信息的不同反应导致了会计信息影响的复杂性，会计准则变革的经济后果会在这种推动作用下被不断延伸与扩展，其中包括会计准则变革对促进投资水平提升和实现资本经营效益产生的重要影响。

会计准则变革会通过改变契约，对企业的资本经营运作以及投资结果产生影响。例如，吕长江等（2009）从具体会计准则研究出发（《企业会计准则第 11 号——股份支付》），对“伊利股份”进行案例研究，结果发现：股权激励的费用化会对上市公司的业绩产生影响，并且股权激励设计有福利之嫌，股权激励费用化的会计处理有可能导致上市公司修改其股权激励的方案；奥兹坎等（Ozkan et al.，2012）基于管理薪酬方面检验了强制性采用 IFRS 和会计信息的契约有用性，这种有用性被薪酬业绩敏感性（PPS）和相对业绩/相关绩效估值（RPE）所反映出来，采用 IFRS 后调整高管薪酬契约具有较高的盈余质量和可比性，建立在企业投资业绩之上的管理薪酬使管理者更有动机通过促进企业投资效率来获得个人激励。布塔尔等（Butar et al.，2017）

① 资本经营效益是指企业在资本经营过程中所取得的效益，评价企业资本经营效益的核心指标是净资产收益率（return of equities，ROE），本书采用 ROE 法测算企业的资本经营效益。

探讨了在印度尼西亚采用 IFRS 之后，对管理层股权变化以及企业投资效率方面产生的主要影响。

会计准则变革会通过提高信息质量，影响企业的资本经营运作和投资行为。例如，张纯（2009）研究发现信息披露水平的提高将减轻信息不对称程度，进而提高企业的投资效率，抑制过度投资行为；比德尔等（Biddle et al.，2006）研究发现高质量的信息降低了公司投资对于内部现金流的敏感性，提高了投资效率；威尔第（Verdi，2006）研究了财务报告质量和投资效率的问题，实证检验了提高财务报告质量会对投资效率和经济后果产生有利影响，财务报告信息质量会抑制企业非效率投资决策行为；李青原（2008）研究发现高质量会计信息能显著缓解上市公司投资不足和抑制过度投资；张纯（2009）研究发现信息披露水平的提高将减轻信息不对称程度，进而提高企业的投资效率，抑制过度投资行为；施莱切尔（Schleicher，2010）研究发现 IFRS 通过改善会计信息质量有助于提高投资效率，降低投资现金敏感系数；侯青川等（Hou et al.，2016）对强制性执行 IFRS 之后，会计信息质量变好会提高企业投资效率。

此外，姜英兵等（2013）以会计稳健性为切入点，研究会计制度改革后中国资本市场的资本配置效率问题，研究结果表明，企业在现行会计准则实施后，会计稳健性原则的运用能够抑制过度投资并改善投资不足问题，从而在一定程度上提高了企业的资本配置效率；克里斯坦森等（Christensen et al.，2007）研究检验了在欧洲决定强制性采用 IFRS 之后对英国公司的经济影响，发现强制性采用 IFRS 会导致出现了企业投资方面的赢家和输家；陈等（Chen et al.，2013）研究了在欧洲 17 国强制性采用 IFRS 对企业投资效率影响的外部效应，运用 ROA 差异法研究发现，无论在国内还是国外，强制性采用 IFRS 对同类企业投资都具有外部效应；陈明和顾水彬（2017）研究发现我国上市公司同时存在投资不足与投资过度现象且两种现象下均存在投资现金流敏感性，证实了会计准则变革可以通过改善定价扭曲和逆向选择来缓解投资不足，通过改善监督不足和道德风险来抑制投资过度。

会计准则变革对资本经营运作和投资执行行为的影响，是一种从结果上对企业投资行为和资本经营综合影响的反映，提高资本经营效益是企业进行资本经营的基本目标，也是核心目标。所以，会计准则变革会通过对企业投资行为的影响，促进企业资本经营效益的实现。

因此，可以建立如下假设：

在企业进行资本经营的过程中，会计准则变革能够通过提高投资水平，进而促进企业资本经营效益的最终实现，即促进企业资本经营核心指标 ROE 的提高。

以上假设的原理可以通过图 7－1 予以说明。

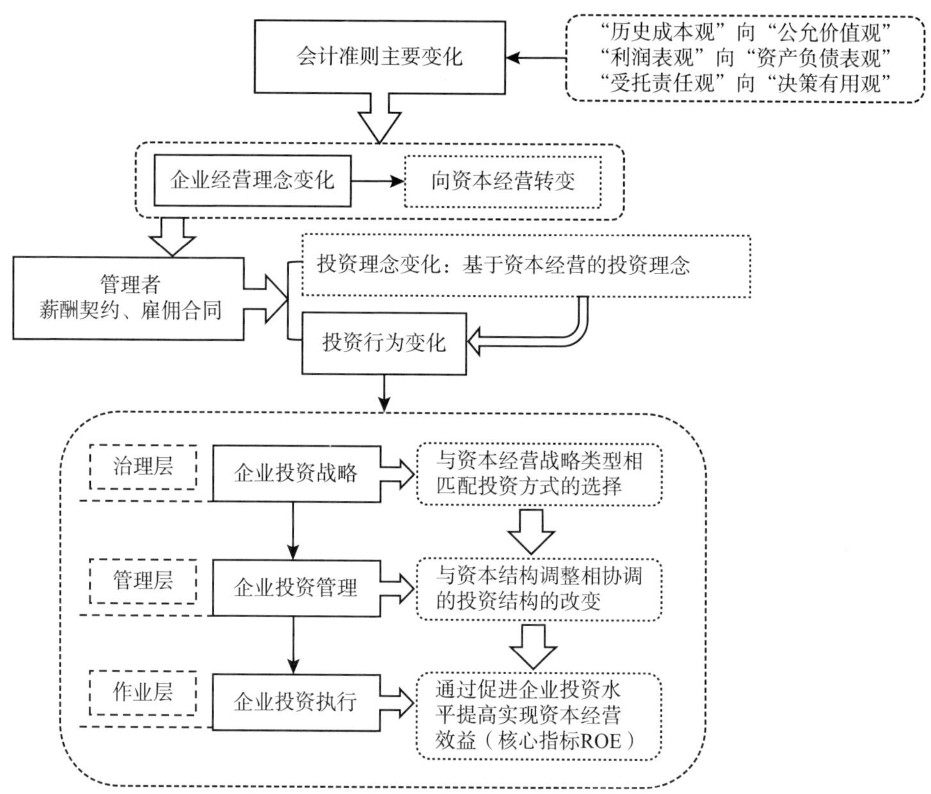

图 7－1　会计准则变革与企业投资水平提升假设机理：基于资本经营效益实现

7.2　研究设计

首先，根据本章实证研究主题进行变量定义，包括被解释变量资本经营效益核心指标 ROE 的定义与度量，解释变量会计准则变革事件、企业投资水平的设定，构建会计准则变革事件与企业投资水平的交乘项，以及选择适当的控制变量并对其进行定义与度量。其次，设计多元线性回归模型，借助计量经济学研究工具，构建会计准则变革与资本经营效益（ROE）之间的实证关系。最后，根据实证研究需要选择样本及其相关数据，本书研究数据主要来源于国泰安数据库（CSMAR）。研究设计的目的是为了发现会计准则变革是否会通过提高投资水平，进而促进企业资本经营效益的顺利实现。

7.2.1 变量定义

本章主要考察的是会计准则变革通过促进企业投资水平提升而对资本经营效益实现的影响。根据资本经营效益的核心评价指标设置了如下变量：被解释变量，即资本经营效益的核心评价指标 *ROE*；解释变量，即会计准则变革事件 *REFORM* 和投资水平 *SI*；控制变量，与第 5 ~ 6 章类似，根据相关理论和借鉴已有相关经验研究，基于本章研究主题设置了一些控制变量。

7.2.1.1 被解释变量

资本经营效益变量，用其核心评价指标净资产收益率（*ROE*）表示，为净利润/股东权益平均余额（Chen et al.，2013；Zhang & Cui，2015）。

7.2.1.2 解释变量

会计准则变革，用会计准则变革事件哑变量（*REFORM*）表示，当会计准则变革事件发生时取值为 1，当该事件未发生时，则取值为 0，即以现行会计准则实施年份为分界，2007 年及以后的年份取值为 1，2007 年以前的年份取值为 0。

企业投资水平，用标准化的投资支出（*SI*）表示，*SI* = 投资支出总额/总资产，其中 *I* = 固定资产存量增加 + 新增折旧额和摊销 + 长期投资增加额 + 营运资本追加额（Strong & Meyer，1990；Richardson，2006；李远勤等，2011）。会计准则变革与投资水平交乘项为会计准则变革 *REFORM* 变量乘以投资水平 *SI* 变量，用 *REFORM* × *SI* 表示。

7.2.1.3 控制变量

本章控制变量的选择和设定借鉴了姜付秀等（2008）、徐玉德等（2009）

和顾水彬（2013）对企业投资行为（投资效率）研究中的相关界定。设置了控制变量成长性（*GROW*）和资本结构（*LEV*）控制变量，与第5～6章的定义相同；行业（*IND*）控制变量，利用样本的所处行业作为行业控制变量，根据中国证监会的行业分类标准设定虚拟变量，以考虑行业固定效应。由于解释变量中的会计准则变革事件已经是按照年度设置的虚拟变量，考虑到可能存在的共线性问题，因此没有再单独设置年度（*YEAR*）控制变量①。

类似地，基于前文理论部分的企业投资行为影响因素分析，以及根据本书实证研究部分之第5～6章回归结果的参考，本章的实证研究继续对企业实际控制人类别、国有股股东、二职合一情况、独立董事规模、高管持股比例、管理层持股比例、母公司类别和企业规模等其他控制变量进行了如下定义：企业实际控制人类别（*CONTROL*），国有股股东取1，否则取0；二职合一情况（*DUAL*），董事长与总经理职务重合取1，否则取0；高管持股比例（*EXECUHOLD*），所有高管持有的股票数/公司总股数；独立董事规模（*INDEPENSIZE*），独立董事人数/董事会总人数；管理层持股比例（*MANAGHOLD*），所有管理层持有的股票数/公司总股数；母公司是否是集团公司（*GROUP*），上市公司的母公司是集团公司取1，否则取0；企业规模（*SIZE*），企业年初总资产的自然对数。

以上具体变量定义如表7－1所示。

表7－1　　变量定义

变量类型	变量符号	变量名称	变量界定
被解释变量	*ROE*	净资产收益率	净利润/股东权益平均余额
解释变量	*REFORM*	会计准则变革	虚拟变量，当处于2007～2013年时取1，否则取0
	SI	投资水平	投资支出总额/总资产
	REFORM×*SI*	交乘项	会计准则变革变量乘以投资水平变量

① 本章研究设计之初考虑到年度固定效应问题，出于稳健性考虑，本章在后面的回归中分别做了包含与不包含年度（*YEAR*）控制变量的检验，发现是否包含年度控制变量的回归结果都是一致的。

续表

变量类型	变量符号	变量名称	变量界定
控制变量	*LEV*	资本结构	有息负债总额/总资产
	CONTROL	实际控制人类别	国有股股东取0，否则取1
	DUAL	二职合一情况	董事长与总经理职务重合取1，否则取0
	EXECUHOLD	高管持股比例	所有高管持有的股票数/公司总股数
	INDEPENSIZE	独立董事规模	独立董事人数/董事会总人数
	MANAGHOLD	管理者持股比例	所有管理层持有的股票数/公司总股数
	SIZE	企业规模	企业年初总资产的自然对数
	GROW	成长性	（上年主营业务收入 - 前年主营业务收入）/上年初的总资产
	GROUP	母公司是否是集团公司	上市公司母公司是集团公司取1，否则取0
	IND	行业	行业虚拟变量，按中国证监会的分类标准设置

7.2.2 模型设定

借鉴霍顿（*Horton*，2013）及大多数学者采用的政策变革事件研究方法，本书将会计准则设置为虚拟变量，并根据假设需要，设置事件虚拟变量的交叉来研究发现准则变革前后的影响。以能比较清楚地分析会计准则变革后对企业资本经营效益实现，以及在资本经营效益实现的作用下会计准则变革对企业投资效率的影响。

为验证本章中的假设，设定模型（7 - 1）①。

$$ROE_{i,t} = \alpha_0 + \alpha_1 REFORM_t + \alpha_2 SI_t + \alpha_3 REFORM_t \times SI_t + \sum_{p=4}^{12} \alpha_p CONTROL_{i,t} + \sum_{q=13}^{28} \alpha_q IND_{i,t} + \varepsilon_{i,t} \qquad (7-1)$$

模型（7 - 1）中的被解释变量为净资产收益率 *ROE*，第一个解释变量为

① 本书设定假设和模型旨在检验会计准则变革在资本经营路径作用下对企业投资行为的影响，模型（7 - 1）的目的是检验会计准则变革在基于资本经营目标下对企业投资效率的影响。模型的设定、交乘项的使用等在借鉴已有相关研究的基础上，更侧重基于古扎拉蒂和波特（Gujarati & Porter，2004）的计量经济学模型建立原理和布兰博尔（Brambor，2005）中对交乘项使用的经验总结。

会计准则变革 *REFORM*，主要为了检验会计准则变革对企业实现资本经营效益的影响；第二个解释变量为投资水平 *SI*，主要为了检验投资水平对实现资本经营效益的影响；第三个解释变量为 $REFORM \times SI$，主要为了检验会计准则变革与投资水平对实现企业资本经营效益的影响。

7.2.3 样本选择与数据来源

7.2.3.1 数据来源

本章使用的公司财务数据、资本经营数据（并购或重组等相关数据）及相关的公司基本信息数据，以及行业分类标准参考均与第 6 章相同。

7.2.3.2 时间窗口

本章的样本及数据选择时间窗口标准与长度均与第 6 章相同。在第 6 章数据时间窗口选择的基础上，结合本章的研究需要，最终确定对 2003 ~ 2012 年的上市公司相关数据进行进一步筛选。

同样地，本章主要研究目的是检验会计准则变革与企业投资水平对企业资本经营效益实现的影响，选择 2006 年及以前年度的数据，即现行会计准则实施之前四年（2003 ~ 2006 年）的相关数据，是为了通过比较更好地分析会计准则变革对企业资本经营效益实现的影响。

7.2.3.3 样本筛选

本章是在第 6 章检验的基础上，针对有资本经营活动的企业，进行会计准则变革对企业投资结果有效性的检验，所以样本筛选与第 6 章相同。首先，选择 2003 ~ 2012 年有资本经营行为（包括并购行为和重组行为），即在研究年度内发生了作为主并购方的并购事件，或发生了作为卖方的重组事件的所有上市公司作为研究样本。选取范围是全部的 A 股上市公司，并对样本做出如下处理：第一，剔除 ST、* ST、S、SST、S * ST 等非正常交易的样本；第二，剔除财务数据缺失（包括研究年度前一年数据缺失）的样本；第三，剔除并购或重组交易不成功的样本；第四，剔除并购或重组交易中出现缺失值或异常值[①]的样本；第五，在剔除了关联交易的并购或重组事件后，对每家公司在每年的并购和重组事件进行合并统计。在经过上述筛选和处理后，最终得到 2003 ~2012 年共计 5 397 个观测值的样本数据。数据处理和统计分析采用 Stata 12. 0 和 Excel 实现。具体观测值的分布参见第 6 章的表 6 -3。为了减轻离群值的影响，本书在回归之前对主要指标进行了 Winsorized（首尾 1% 和 99%）的缩尾处理。

7. 3 实证研究与分析

7. 3. 1 变量描述性统计

如第 7. 2. 3 节所述，本章在第 6 章的样本选择和数据筛选基础上，根据本章假设、变量选取和模型设计等内容对数据进行了进一步筛选，以更好地证明会计准则、资本经营运作效益与企业投资效率之间的影响关系。表 7 -2 是对被解释变量 *ROE*（净资产收益率）进行的描述性统计。

表 7 -2　　分行业被解释变量 *ROE* 的描述性统计

行业	观测值（个）	净资产收益率 *ROE*（%）				
		均值	中位数	标准差	最小值	最大值
农、林、牧、渔业	118	5. 00	4. 59	7. 03	-18. 52	24. 98
采矿业	75	9. 79	8. 36	18. 35	-76. 57	68. 45
制造业	3 504	5. 28	6. 07	12. 97	-97. 72	72. 03
电力、热力、燃气及水生产和供应业	233	3. 13	5. 35	13. 35	-81. 73	28. 43
建筑业	90	7. 19	5. 85	10. 89	-35. 10	34. 78
批发和零售业	299	6. 13	6. 11	13. 03	-91. 56	43. 18

① 考虑到可能由于数据导入错误或信息有误等一些原因，在筛选数据过程中，发现一些并购或重组金额出现负值或 0 值，在本研究中对其予以剔除。

续表

行业	观测值（个）	净资产收益率 *ROE*（%）				
		均值	中位数	标准差	最小值	最大值
交通运输、仓储和邮政业	234	8.77	9.26	12.92	-98.40	45.22
住宿和餐饮业	35	5.94	6.00	6.61	-17.81	17.12
信息传输、软件和信息技术服务业	186	5.98	6.47	11.19	-69.26	36.75
房地产业	239	6.17	7.39	12.99	-67.23	35.54
租赁和商务服务业	88	7.38	7.33	8.78	-34.70	22.63
科学研究和技术服务业	23	10.15	9.99	6.52	-1.36	22.79
水利、环境和公共设施管理业	50	4.64	7.15	16.55	-79.69	26.51
居民服务、修理和其他服务业	20	6.47	6.11	11.43	-35.59	23.11
文化、体育和娱乐业	26	-1.68	5.50	23.20	-94.19	15.60
公共管理、社会保障和社会组织	177	4.25	4.50	13.90	-77.41	31.09
总体	5 397	5.53	6.26	12.95	-98.04	72.03

资料来源：国泰安数据库（CSMAR）整理。

表7-2是对被解释变量净资产收益率*ROE*进行的分行业描述性统计，从表7-2中观测值的统计数字来看，制造业的观测值是构成总体样本的主体，占比64.92%，所以制造业的数据将对总体样本的统计数据产生决定性影响，通过分行业进行被解释变量的描述性统计，可以更清晰地反映样本其他行业的净资产收益率情况。从表7-2净资产收益率*ROE*的分行业统计数据来看，第二产业中的采矿业，以及第三产业中的科学研究和技术服务业的净资产收益率最高，行业均值为10%左右。之后是第三产业的交通运输、仓储和邮政业，行业均值为8.77%；第二产业的建筑业，行业均值为7.19%；第三产业的租赁和商务服务业，行业均值为7.38%。第三产业中的信息传输、软件和信息技术服务业，住宿和餐饮业，批发和零售业，房地产业，居民服务、维修和其他服务业等净资产收益率均值差异不大，均在6%左右。相比较而言，第二产业中的电力、热力、燃气及水生产和供应业（净资产收益率均值为3.13%），以及第三产业中的文化、体育和娱乐业（净资产收益率为-1.68%）在样本行业中均处于较低水平。

7.3.2 变量相关性分析

表7－3报告了模型（7－1）中主要变量的Spearman相关系数。

表7－3 主要变量相关性分析

变量	*ROE*	*SI*	*REFORM*
ROE	1		
SI	0.101***	1	
REFORM	0.116***	0.082***	1

注：***表示在0.01的水平下显著，**表示在0.05的水平下显著，*表示在0.1的水平下显著，表中的相关系数为Spearman检验系数。

资料来源：国泰安数据库（CSMAR）整理。

从表7－3中涉及主要变量的相关性分析来看，基于本书的样本选择下，主要变量的两两相关性均存在显著性，相关系数均为正。其中，企业资本经营效益核心指标*ROE*与投资水平*SI*相关系数为0.101，在0.01的统计性水平下显著；会计准则变革*REFORM*与资本经营效益核心指标*ROE*的相关系数为0.116，在0.01的统计性水平下显著；会计准则变革*REFORM*与企业投资水平*SI*的相关系数为0.082，在0.01的统计性水平下显著。

7.3.3 回归结果分析

本章继续采用最小二乘法（OLS）的多元回归进行分析，表7－4报告了模型（7－1）的回归结果。

表7－4 方程回归结果

变量	模型（7－1）－*ROE*	
	系数	T值
常数项	－0.497***	－11.19
REFORM	0.016***	3.68

续表

变量	模型（7－1）－*ROE*	
	系数	T值
SI	0. 049***	3. 73
REFORM×*SI*	0. 028***	3. 06
GROW	0. 005***	9. 34
LEV	－0. 179***	－16. 84
SIZE	0. 025***	13. 55
CONTROL	－0. 013**	－2. 57
GROUP	－0. 002	－0. 45
DUAL	－0. 001	－0. 34
EXECUHOLD	0. 019*	1. 91
INDEPENSIZE	－0. 016*	－1. 89
MANGHOLD	0. 075***	1. 58
IND	控制	
样本数	5 397	
Adj-R^2	0. 166	

注：*** 表示在 0. 01 的水平下显著，** 表示在 0. 05 的水平下显著，* 表示在 0. 1 的水平下显著。

资料来源：国泰安数据库（CSMAR）整理。

从表 7－4 中对模型（7－1）的回归结果看，会计准则变革 *REFORM* 与净资产收益率 *ROE* 的回归系数为 0. 016，在 0. 01 统计水平下显著，说明会计准则变革对提高当期企业资本经营效益的影响效果显著；企业投资水平 *SI* 与净资产收益率 *ROE* 的回归系数为 0. 049，在 0. 01 统计水平下显著，说明企业投资水平提高有利于促进企业资本经营效益的提高；并且，会计准则变革和投资水平交乘项 *REFORM*×*SI* 与企业资本经营效益之核心指标 *ROE* 的回归系数为 0. 028，在 0. 01 的统计水平下显著，说明会计准则变革后，更有利于通过促进企业投资水平的提高，而促进企业资本经营效益目标的实现，即有效提高 *ROE* 盈利指标，原假设得证。

为了确保模型回归的有效性，本章对模型中的解释变量考察了是否存在完全共线性问题，在方程进行回归后计算了方差膨胀因子 VIF，结果显示每个变量的 VIF 值均远小于5，其中模型（7－1）解释变量的 VIF 均值为1.60，说明回归模型中的各个解释变量之间不存在完全共线性问题，方程回归结果可靠。

7.4 稳健性检验

为了确保本书实证结果更可靠，本章还进行了基于时间窗口调整的稳健性检验。

7.4.1 样本选择与数据来源

同第6章的稳健性检验数据筛选原则，本章在稳健性检验中也是调整了数据窗口，剔除2007年观测值423个，剔除2008年观测值501个。最终确定在稳健性检验中使用的观测值为4 473个。

7.4.2 回归结果分析

表7－5报告了对模型（7－1）的稳健性检验回归结果。

表7－5　　稳健性检验方程回归结果

变量	模型（7－1）－*ROE*	
	系数	T值
常数项	－0.461***	－9.50
REFORM	0.018***	3.81
SI	0.028***	3.44
REFORM×*SI*	0.020***	2.95
GROW	0.004***	8.28
LEV	－0.186***	－16.44

续表

变量	模型（7－1）－*ROE*	
	系数	T 值
SIZE	0.024***	11.53
CONTROL	0.012*	2.16
GROUP	0.001	0.02
DUAL	0.004	0.08
EXECUHOLD	0.020*	1.82
INDEPENSIZE	－0.061*	－1.77
MANAGHOLD	0.064***	3.28
IND	控制	
样本数	4 473	
Adj-R^2	0.169	

注：*** 表示在 0.01 的水平下显著，** 表示在 0.05 的水平下显著，* 表示在 0.1 的水平下显著。

资料来源：国泰安数据库（CSMAR）整理。

从表 7－5 的回归结果来看，在剔除现行会计准则实施之初的变革影响、金融危机可能导致对资本经营运作，以及企业投资行为具有的重大影响之后，会计准则变革 *REFORM*、企业投资水平 *SI* 对提高企业资本经营效益 *ROE* 的促进影响仍然显著，并且会计准则变革与投资水平的交乘项 *REFORM*×*SI* 对净资产收益率 *ROE* 的正相关关系也依然存在，原假设仍然成立，与前面的检验结果相一致。

综上，调整观察窗口后样本数据的稳健性检验结果与原回归结果均保持一致，证明了本章的研究结果具有稳健性。

7.5 本章小结

本章以检验会计准则对企业资本经营效益与投资效率的影响为目标，进行了具体实证设计与检验，继续利用最小二乘法（OLS）建立多元线性回归模型，以我国 A 股上市公司 2003 ~ 2012 年数据为样本，以 2007 年为会计准则变革事件的分界点，对会计准则变革通过提高企业投资水平促进企业的资本经营效益实现进行了经验检验。

研究结论显示，从总体样本看，在企业的资本经营运作中，会计准则变革 *REFORM*、企业投资水平 *SI* 都对企业资本经营效益 *ROE* 的提高具有显著的促进作用，并且会计准则变革后，这种促进作用依然存在，而且被进一步加强。进一步验证和说明了，从资本经营的视角分析，在企业资本经营运作中，会计准则变革为企业带来了提高资本经营效益增强的利好影响，会计准则变革有利于通过提高企业的投资水平，而促进企业资本经营效益的提高。

最后，本章通过调整时间窗口的方法，剔除了与经济有关的重大影响事件（如会计准则实施年和金融危机事件等）年度的观测值数据，对假设的回归结果进行了稳健性检验，检验结果与原假设模型的回归结果相一致。

8 研究结论与政策建议

本章对前面的理论章节，以及实证检验章节进行归纳总结，并在此基础上形成有针对性的政策建议，最后对本书中存在的研究不足提出未来研究展望。

8.1 主要研究结论

本书在我国实施现行会计准则（CAS，2006）的背景下，从资本经营的视角出发，研究了会计准则变革对企业投资行为的影响路径以及作用机理，并结合现行会计准则在我国上市公司中的应用实践，进行了实证检验。本书按照规范性理论分析到实证式的经验检验研究方法，采取由浅入深的研究方式，以“会计准则变革与企业投资行为研究综述—理论机理推演—经验数据检验—研究结论”的研究路线逐层展开研究。

本书首先从国内外代表性学术期刊中，选择并归纳了有关会计准则变革与企业投资行为的已有研究，总结现有文献的研究现状，发现会计准则变革与企业投资行为之间的关系，并结合本书资本经营的研究视角进行具体综述。其次，根据会计准则变革、资本经营与企业投资行为三者的特征，借鉴经济后果学说、制度变迁理论和路径依赖理论等理论基础，构建基于资本经营视角的会计准则变革对企业投资行为的影响路径，同时分析并解释这种影响路径的基础机理。再其次，结合基础机理，进一步剖析在资本经营影响路径下，现行会计准则对企业投资行为可能产生的具体影响，并最终确定了会计准则变革通过资本经营影响企业投资行为的基本路径、具体路径，以及具体影响。最后，根据影响机理的基本特征，借助第 5 ~ 7 章的实证研究，以我国上市公司为例，选择现行会计准则实施前后的一段时间为研究窗口，分别从会计准则变革对企业资本经营战略与投资方式的影响、会计准则变革对企业资本经营管理与投资结构的影响、会计准则变革对企业资本经营运作与投资效率的影响等视角检验了影响路径与机理在我国企业中的实际适用情况。

通过上述章节中的研究，本书得出如下结论：

结论一：会计准则变革会对企业实施资本经营战略和进行投资方式选择具有促进作用和协调作用。会计准则变革是一种“自上而下”的强制性制度变迁，在现代产权制度下，由会计准则变革引发的会计信息质量提高对缓解代理冲突问题有促进作用。因此，会计准则变革这种制度性变迁的重大影响会对企业的资本经营战略以及投资方式选择产生重要影响。

以扩张型资本经营为例，本书利用最小二乘法（OLS）建立多元线性回归模型，以我国 A 股上市公司 2004 ~ 2013 年数据为样本，以 2007 年为会计准则变革事件的分界点，对会计准则变革下的企业扩张型资本经营和投资方式进行了实证检验。研究发现，现行会计准则对扩张型资本经营战略有促进作用，并且在这种促进作用的影响下，当有资本扩张投资机会存在时，企业更倾向于选择并购的投资方式进行投资扩张，在资本经营战略的影响下，会计准则变革对企业的并购投资行为和总体投资规模都具有显著的促进作用。并且，现行会计准则在企业的资本经营战略实施与投资方式选择，及其相互促进方面都会起到一种良好的协调性作用。

结论二：会计准则变革会引起企业进行资本结构调整，同时促使企业投资结构发生相应变化，进而促进企业总体投资水平的提高。会计准则变革的经济后果会在企业资本循环过程中不断被巩固和加深。对企业的管理者而言，在企业的资本经营循环和投资过程中，管理者可以运用会计信息对资本经营和企业投资进行有效管理。因此，会计准则变革会对企业管理者产生重要影响，这种影响包括对企业资本经营管理以及投资行为的影响。从企业的资本经营来看，实现资本有效配置是资本经营管理的主要内容；从企业投资行为来看，提高企业总体投资水平也是企业投资管理的重要目标。从资本结构、投资结构以及总体投资水平入手，构建上述影响机理的实证研究模型是进行此部分实证检验的有效途径。

本书利用弗兰尼和兰根（Flannery & Rangan，2006）和理查德森（Richardson，2006）等研究方法，根据本书研究目标对资本结构和投资结构进行了界定和划分。利用最小二乘法（OLS）建立多元线性回归模型，以我国 A 股上市公司 2003～2012 年数据为样本，以 2007 年的会计准则变革事件为分界点，对会计准则变革下的企业的资本结构调整和投资结构变化进行了研究。现行会计准则对促进资本经营运作具有积极作用，基于这种资本经营运作引起的资本结构调整的变化下，会计准则变革对企业的投资结构变化，以及企业总体投资水平提升同样具有积极的促进作用。

结论三：会计准则变革会对企业提升投资效率（即通过提高投资水平而实现资本经营运作效益）具有促进作用。财务报告不只是一种中性的技术信息，它会对会计信息的使用者具有导向性的影响，管理者和执行者会对变化的信息做出不同反应，从而导致会计准则变革会对企业资本经营运作（如控制并购规模、抑制盲目扩张），提高企业投资效率（如提高投资效率、抑制非效率投资等）。基于本书的研究视角，具体表现为：通过推进企业投资水平提高而促进实现企业资本经营效益目标产生重要影响。会计准则变革对资本经营运作和投资执行行为的影响，是一种从结果上对企业资本经营和投资行为影响的综合反映，通过提高投资水平实现资本经营效益是企业资本经营的基本目标。从资本经营的核心评价指标 *ROE* 出发，进行实证研究设计是检验影响机理的关键。

本书继续利用最小二乘法（OLS）建立多元线性回归模型，以我国 A 股上市公司 2003～2012 年数据为样本，在具有资本经营活动（并购或重组事件发生）的企业中，对会计准则变革下的企业的资本经营运作和投资效率进行了研究。研究发现从总体上看，现行会计准则对企业资本经营效益（本书选择其核心指标——净资产收益率 *ROE* 为替代变量）具有显著的促进作用。会计准则变革后通过提高企业投资水平促进企业资本经营效益的实现更具有显著性，进一步验证了从资本经营视角出发，构建会计准则变革对企业投资行为的影响路径具有重要理论意义和实践意义。

结论四：从整体看，资本经营是会计准则变革影响企业投资行为的重要路径。通过对三种具体影响的理论分析以及经验检验，可以得出这个总结性的结论。会计准则变革会通过促进企业资本经营方式转变，而对企业投资行为产生重要影响。如本书理论分析部分所述：现行会计准则体现的会计理念转变，会在企业资本经营和投资行为主要影响因素的作用下，引导管理者的经营理念和投资理念发生转变，从而促进企业经营方式向以资本经营方式为主发生转变，并进一步影响企业投资行为发生变化。在本书的理论分析与实证检验中，这种影响机理得到充分的证明与体现。

从企业管理层次和经营过程来看，会计准则变革引起的企业经营理念和经营方式转变，要通过企业对资本经营战略、资本经营管理和资本经营运作等进行顺次调整，逐步完成。同样，从企业管理层次和投资过程来看，企业投资也要对投资战略行为、投资管理行为和投资执行行为进行逐层调整，协助企业实现资本经营目标，三种投资行为之间的协同关系着企业投资和资本经营的有效性。在资本经营理念和资本经营方式的影响下，现行会计准则对企业投资行为的影响最终以投资结果的形式表现。例如：其一，控制盲目扩张型投资，使企业的投资方式与资本经营战略的选择相协调；其二，优化企业投资结构，控制资本经营的风险，引导企业注重追求长期的投资价值；其三，以实现企业资本经营效益为目标促进企业投资效率的提高，增加投资收益，提升企业总体投资水平。

8.2 研究启示

2012 年 11 月，国际会计准则理事会（IASB）发布了《国际财务报告准则年度改进 2011—2013（征求意见稿）》，标志着国际会计准则（IFRS）的新一轮改革已经进入了关键阶段。同时，我国在准则修订过程中已经逐渐开始掌握了话语权，并在我国的会计准则建设过程中继续保持与国际趋同的并行节奏。为了更好地实现准则变革带来的实施效果，IFRS 一直在调整，面临了一系列的新增和修订。例如：2015 年新的金融工具准则 IFRS9 生效，2018 年发布和启用了修订版的 IFRS，2018 年新收入准则 IFRS15 落地生效，2019 年租赁准则 IFRS16 修订后生效，2020 年企业合并准则 IFRS3 对“业务”定义也进行了再次修订。与此同时，我国的会计准则建设也继续保持着与国际会计准则的变化趋同，2012 年财政部再次印发了《企业会计准则第 × 号——公允价值计量（征求意见稿）》等 8 项调整，于 2014 年完成了对《会计准则第 33 号——合并财务报表》等具体准则的修订，并发布了《企业会计准则第 40 号——合营安排》等 3 项新的具体准则。现行会计准则的最新调整内容会对企业库存、资产、不动产、投资股权和债务重组等方面产生重要影响。此外，2016 ~2018 年财政部发布了多个准则修订的征求意见稿，并对需要修改的会计准则进行先后确认修订，修订后的准则确定于 2018 ~2021 年陆续施行，这些内容大多与企业的资本经营和投资行为直接或间接有关，说明准则制定者和会计信息使用者对以上会计信息披露的关注与重视，也再次证明会计准则变革会对企业资本经营和投资行为发挥重要作用，并且这些作用在会计准则实施后的短期或长期时间内都会产生一定效果。

结合现行会计准则实施的不断推进[①]，以及对现行会计准则新一轮调整的背景，并根据本书的研究结论，得出以下几点启示：

第一，会计准则变革会通过促进企业资本经营改善企业投资行为，并能够协调二者目标的一致性。依据现行会计准则的具体规范产生的会计信息，可以满足财务报告使用者对基于现行价值会计的会计信息的基本需求，有利于促进企业经营方式向“资本经营”转变，并影响企业投资行为随之发生改变。基于现行价值的会计信息的会计更具有价值相关性：其一，可以协调由信息不对称引发的与企业经营和投资行为有关的矛盾冲突，如融资约束、代理冲突等问题，并影响企业投资行为发生变化；其二，可以提供更具决策有用性的会计信息，为企业资本经营（如资本经营战略、资本经营管理和资本经营运作等）决策和投资行为（如投资战略、投资管理和投资执行等行为）决策提供可靠的信息基础，从而改善企业投资行为；其三，促使企业经营方式向“资本经营型”转变，进而影响企业投资行为随着资本经营目标而进行

① 会计准则不仅在上市公司已经全面实施，其他非上市公司也正以一种快速上升的趋势自愿参照执行。

适当调整。

第二，资本经营是会计准则变革影响企业投资行为的重要途径，也是影响企业其他财务行为的重要途径。企业资本经营以价值形态经营为基本特征，通过对生产要素进行优化配置和资产结构进行动态调整，以实现资本保值增值的基本目标。因此，资本经营与财务管理具有同一性：其一，资本经营的主体与财务主体一致；其二，资本经营的客体是本金，即财务资金；其三，资本经营的目标与财务目标一致，追求企业价值最大化；其四，资本经营的重要内容是财务职能的具体分解，即最终归结到资本结构、资产组合和资产重组上。所以，资本经营与财务管理息息相关，会计准则变革通过资本经营影响路径会对企业其他财务行为产生重要影响。因此，利用现行会计准则规范企业财务行为同样十分重要。

第三，企业对会计准则变革应该从被动接受型转向主动适应型，以更有利于发挥现行会计准则在企业经营管理中的有效性。企业管理者主动利用现行会计准则建立、健全企业的经营管理机制是实现企业经营目标的有效保障。基于现值会计的现行会计准则更具有价值相关性，其根本目的是为了降低信息不对称，以及协调由此引发的各种利益冲突。其一，通过充分披露相关信息，全面、客观反映管理者受托责任情况，从而有效地抑制代理人的机会主义行为，保护出资者利益；其二，向所有者提供决策有用性信息，使企业所有者（尤其是大股东）有动机通过监督和控制行为，影响企业的激励机制向保护投资者利益方向调整；其三，有利于形成重视价值创造的经营理念，进而引导企业形成基于价值管理的管理体系（VBM），并构建和完善基于价值的管理控制系统（MCS），促进企业顺利实现经营目标和管理目标。

8.3 政策建议

8.3.1 进一步发挥现行会计准则在企业经营管理中的作用

首先，提高会计在企业经营管理中的地位。会计不仅仅是一种计量工具，更应该是一种管理手段。企业如何经营、怎样管理关系着企业的发展。会计在企业经营管理中发挥着重要作用，会计既为企业经营管理提供了重要的信息系统，更是一个有力的效益控制系统。所以，会计不仅仅是一个简单的基层职能部门，只是做好核算，更要发挥预算和控制功能，使会计参与到企业的经营管理、经营预测和经营决策中，加强企业经营管理中的效益控制，促进企业不断改善经营管理水平，提高企业经济效益。

其次，提升对会计的认识与理解。提高会计在经营管理中地位的一个重要因素是管理者对会计的认识与理解。除企业的财会人员要提高业务水平和职业素质之外，更需要企业的管理者加强自身对会计的认识与理解，这样才能支持和重视会计，并能够积极主动地发挥会计工作在企业经营管理中的重要作用。

最后，保持会计工作的与时俱进。每一次会计制度的变迁都是对会计工作的一种有力促进，及时掌握现行会计准则的具体要求和主导思想是现代会计工作者必须具备的素质。随着会计在企业中越来越重要、在企业经营管理中的参与度越来越高，对会计工作也提出了更高要求，会计工作的滞后性会引起连锁反应，不仅不能发挥预期效应，反而会影响或制约企业经济水平的提高与进一步发展。因此，革新与创新对会计来说同样重要，加强对现行会计准则理解和应用，如基于会计信息对企业进行科学的经营决策，以提高企业的投资效率和经营效益等，将有利于企业经营管理水平的提高，促进企业经营目标的顺利实现。

8.3.2 利用现行会计准则完善企业管理控制机制

第一，确立会计在企业管理控制中的地位与作用。及时准确地掌握企业的经济活动情况是企业实施管理控制的必要前提，会计作为记录和反映企业资金活动、财务状况以及经营成果的主要部门，在管理控制中应予以充分的重视与应用。增加会计的参与度和决策度对企业的管理控制来说同样重要，在企业的管理控制过程中，会计应不仅仅是在管理控制之初，或在结果评价时提供历史财务信息，更要发挥会计在管理控制整个过程中的控制作用。确立会计在企业管理控制中的重要地位，有利于会计在管理控制全过程中发挥重要作用，促进管理控制的目标实现。

第二，以会计为基础建立、健全企业管理控制制度。企业的管理控制制度是企业的内部“立法”，是企业规范管理和行使控制权的重要方式之一，企业应当最大限度地利用和行使好法律赋予的这一权利，以会计为基础建立、健全企业管理控制制度，可以通过制度安排和制度规范更有效地发挥其在管理控制中的重要作用。并且利用会计信息和财务指标构建企业的管理控制系统，有利于管理控制中的量化考核与评价，也更有利于管理控制制度的落实与推进。

第三，基于现行会计准则完善企业管理控制机制。管理控制机制本质上是管理控制系统的内在联系、功能及运行原理，是决定管理控制功效的核心问题。在以会计为基础的管理控制系统中，会计准则变革体现出的会计理念转变，以及财务报告形式的变化对企业管理控制体系的调整与完善提出了新的要求。基于现行会计准则的具体要求完善企业的管理控制机制（如优化企业资本结构和投资结构、有效进行企业的财务风险控制和经营风险控制等），将有利于发挥会计与管理控制的协同效应，降低管理控制成本，提高管理控制水平。

8.3.3 强化对现行会计准则执行的监管与监督

一方面，坚持对企业执行现行会计准则的长期监管与监督。现行会计准则从 2007 年 1 月 1 日在上市公司中实施至今，会计准则变革事件在企业中已经从变革期过渡到适应期，如何使企业从被动变革、机械地应用变革后的会计准则，过渡到主动适应现行会计准则、利用现行会计准则发挥会计在企业经营中的有效作用是这一阶段的主要目标。以会计信息质量和会计师事务所的质量检查为主要手段，加强对会计监管，建立监督高效的会计监督长效机制对提高会计在企业中乃至在社会中的经济地位至关重要。

另一方面，充分发挥相关部门的监管（或监督）职能。加深对会计准则变革的理解与认识，对会计监管以及相关部门（如审计部门、税务部门、证券机构等）来说更加重要。作为企业执行现行会计准则的监管者或监督者，提高自身对会计准则的理解水平，时刻以准则的标准实施监管职能（或监督职能），对发挥现行会计准则在企业经营中的有效作用具有较强的影响力。总之，充分发挥相关部门的监管（或监督）职能，是落实政府对企业执行现行会计准则长期、有效监督机制的有力保障。

8.3.4 进一步推进会计准则的修订与完善

其一，基于会计准则变革预期效应的经验检验，推进准则的调整与修订。从现行会计准则的目标来看，会计准则的预期效应主要包括提高财务报告质量、明确管理者受托责任和促进资本市场发展等几个方面。通过对企业现行会计准则实施情况的实地调研，利用建立在理论分析基础上的大数据实证检验等方式，及时、准确地对会计准则预期效应进行经验检验，可以更清楚地发现现行会计准则的优势与不足，以促进会计准则的进一步调整与修订。

其二，基于会计准则变革非预期效应的影响，促进准则的不断完善。与会计准则变革预期效应相比，准则变革的非预期效应范围更广，如会计准则目标的非预期效应、间接效应、超出效应以及事前反映等等。并且会计准则的非预期效应往往是推动会计准则变革的重要动力，例如，国内外频频发生的一系列会计丑闻，会通过一种事件的冲击力推动着会计制度的不断更新与完善。因此，关注准则变革的非预期效应，对完善会计准则同等重要。

8.4 研究局限与展望

本书从资本经营视角出发，对会计准则变革下的企业投资行为进行了研究，借鉴会计学、经济学、管理学和行为学等相关基础理论，构建会计准则变革、资本经营与企业投资行为三者联系，从影响路径和作用机理的推导到经验数据的检验，力求既尊重科学研究范式又与企业实践相结合，探索会计准则变革对企业资本经营以及投资行为的影响路径，检验具体影响效果。然而，由于建立从资本经营视角出发，系统构建会计准则变革对企业投资行为影响路径的已有直接可借鉴研究的局限，加之本书研究的时间和笔者个人认知能力有限，可能会存在以下不足之处，期待在未来的研究中将予以补充和完善。

第一，很难将事件研究法的局限性完全克服。本书借鉴了相关研究大多采用的事件研究法，在实证检验中将会计准则变革事件设置为虚拟变量，比较现行会计准则实施前后对企业资本经营以及投资行为的影响，旨在观察会计准则变革之后企业资本经营以及投资行为的变化，以及检验由会计准则变革事件带来的影响以及影响程度。由于事件研究法原主要应用于资本市场中事件发生前后短期内样本股票收益率的变化，因此短期间事件研究比较成熟，而长期间事件研究是在近年的一些相关研究领域中被陆续使用和逐渐扩展的，这种研究方法本身存在一些局限，以笔者现有能力无法突破，本书只能在数据筛选和研究设计中充分予以考虑，并在借鉴已有相关研究的基础上，尽量予以合理设计与安排。

第二，其他一些宏观经济影响很难逐一排尽。本书的研究窗口基本上跨度为2003～2013年，现行会计准则颁布时间为2006年，于2007年1月1日正式在上市公司实施，在此期间的一些经济事件或其他制度变革有可能会对本书研究产生一定的影响。尤其是2005年我国开始实施的股权分置改革，对企业的资本经营有重大影响，2007～2008年的金融危机对全球经济都有一定的影响，因此，不仅会对企业的资本经营也会对企业的投资行为造成影响。对于后者，在实证检验章节中的稳健性检验环节，本书做出了剔除2007～2008年数据的安排。而对于前者，本书之所以没有排除股权分置的影响，是基于本书研究的目标是会计准则变革对企业资本经营和投资行为的促进作用影响，而不是转折性影响，所以其他相关事件只要不会产生重大影响的，本书都只能尽量控制，而无法逐一排尽。

第三，没有考虑资本经营的长期影响。考虑到资本经营事件发生会对当年或下一年的影响最大，所以在实证研究设计中，根据研究内容最多进行了滞后一期的模型设计，没有从更长的滞后期进行设计和检验。由于本书重点考察的是会计准则变革对企业资本经营和投资行为的影响，从客观上看，2006年以前的数据本已有限，再经过一些因素的考虑和筛选之后，可有效利用的数据则更加有限，而基于计量经济学的要求，在滞后二期或多期的模型设计中对数据规模的要求越来越高，所以受限于此，本书无法进一步比较在资本经营影响路径的作用下，会计准则变革对企业投资行为变化的长期影响。

第四，缺乏直接调研去深入发现会计准则变革对企业内部进行资本经营决策和投资决策影响的规律。由于篇幅和研究时间的限制，本书采用的是大样本式经验研究方法，对理论分析进行了实证检验。而没有选择特定的样本公司对其进行实地调研与案例研究，没有借助于访谈或问卷等方式直接观察和了解现行会计准则给企业资本经营决策和投资决策带来的变化，这将是笔者对本书主题展开未来研究的重要内容之一。

参考文献

[1] 包钧. 中国上市公司资本结构决策与大型投资项目 [D]. 上海：复旦大学，2013.

[2] 蔡栋梁. 中国上市企业投资策略与效率分析 [D]. 成都：西南财经大学，2012.

[3] 曹霞. 我国会计准则的经济学分析 [D]. 长春：吉林大学，2010.

[4] 常修泽，肖金成. 我国钢铁工业优化资产结构研究 [J]. 中国工业经济，1998 (11)：39 - 44.

[5] 陈宏辉，贾生华. 企业利益相关者三维分类的实证分析 [J]. 经济研究，2004，4 (20)：80 - 89.

[6] 陈明，顾水彬. 会计准则变革的非效率投资治理效应研究：基于逆向选择与道德风险的视角 [J]. 审计与经济研究，2017，32 (3)：58 - 67.

[7] 陈小悦，徐晓东. 股权结构、企业绩效与投资者利益保护 [J]. 经济研究，2001 (11)：3 - 11.

[8] 陈艳，孙晓梅. 透视会计管制及其经济后果 [J]. 审计研究，2004 (6)：80 - 83.

[9] 陈钰泓. 纳税筹划与盈余管理 [D]. 成都：西南财经大学，2009.

[10] 陈云华. 企业并购与新建投资适用边界研究 [D]. 北京：北京交通大学，2006.

[11] 陈运森，谢德仁. 网络位置、独立董事治理与投资效率 [J]. 管理世界，2011 (7)：113 - 127.

[12] 陈运森，朱松．政治关系、制度环境与上市公司资本投资［J］．财经研究，2009（12）：27－39.

[13] 程国定．资本经营：公司制度创新和管理创新的主题［J］．中国工业经济，1995（11）：41－44.

[14] 程新生，谭有超，刘建梅．非财务信息、外部融资与投资效率：基于外部制度约束的研究［J］．管理世界，2012（7）：137－150，188.

[15] 戴相龙，黄达．中华金融辞库［M］．北京：中国金融出版社，1998.

[16] 樊婷婷．资本结构对企业投资行为的影响研究［D］．哈尔滨：哈尔滨工业大学，2008.

[17] 范硕，李俊江．中国金融发展提高了资本产出效率吗?：实证检验与理论解释（1981～2009）［J］．经济管理，2012（10）：33－40.

[18] 高海燕．论国有资产结构的调整与管理形式的转换［J］．管理世界，1991（2）：212－213.

[19] 高明华，朱松，杜雯翠．财务治理、投资效率与企业经营绩效［J］．财经研究，2012（4）：123－133.

[20] 葛家澍，杜兴强．现行财务会计与报告的缺陷及改进（下）［J］．财会通讯，2004（11）：15－17.

[21] 葛家澍，刘峰．从会计准则的性质看会计准则的制订［J］．会计研究，1996（2）：19－24.

[22] 顾水彬，陈佳丽．会计准则变革的非预期效应：基于准则内涵变革对企业投资行为影响的研究［J］．经济经纬，2016，33（3）：108－113.

[23] 顾水彬．会计准则变革对企业投资效率的影响研究［J］．山西财经大学学报，2013（10）：92－103.

[24] 顾水彬．会计准则变革对企业投资行为的影响研究：理论机理与实证检验［D］．大连：东北财经大学，2013.

[25] 顾水彬，张先治．会计、组织与社会：一个微观到宏观的传导机理研究［C］//中国会计学会财务管理专业委员会，中国财务学年会组委会．中国会计学会财务管理专业委员会2012年学术年会暨第十八届中国财务学年会论文集，2012.

[26] 韩静，陈志红，杨晓星．高管团队背景特征视角下的会计稳健性与投

资效率关系研究［J］. 会计研究，2014（12）：25－31，95.
［27］韩强，曹洪军，宿洁．我国工业领域环境保护投资效率实证研究［J］. 经济管理，2009（5）：154－160.
［28］郝颖．大股东控制下的中国上市公司投资行为特征研究［D］. 重庆：重庆大学，2007.
［29］郝颖，刘星．资本投向、利益攫取与挤占效应［J］. 管理世界，2009（5）：128－144.
［30］何婧，徐龙炳．政治关联对境外上市企业投资效率的影响［J］. 经济管理，2012（8）：11－19.
［31］何卫东．现代公司董事会治理研究［M］. 天津：天津社会科学院出版社，2003.
［32］Hirschey M，Nofsinger J. 投资学：分析与行为［M］. 林海，译．北京：北京大学出版社，2011.
［33］胡俊南．基于价值创造的我国制造企业商品经营与资本经营协调性研究［D］. 南昌：南昌大学，2012.
［34］贾倩，孔祥，孙铮．政策不确定性与企业投资行为：基于省级地方官员变更的实证检验［J］. 财经研究，2013（2）：81－91.
［35］贾兴飞，张先治．会计观念、薪酬契约与管理层决策行为：会计准则变革非预期效应的经验证据［J］. 会计研究，2016（10）：18－25，96.
［36］贾兴飞，张先治．会计准则变革对企业经营方式转变的影响：从会计理念变革视角［J］. 财会月刊，2019（15）：65－70.
［37］姜英兵．会计制度改革与资本配置效率［J］. 宏观经济研究，2013（8）：73－77.
［38］姜英兵，张爽．会计准则与应计异象［J］. 经济管理，2010（11）：115－123.
［39］姜付秀，黄继承．市场化进程与资本结构动态调整［J］. 管理世界，2011（3）：124－134.
［40］姜付秀，张敏，刘志彪．并购还是自行投资：中国上市公司扩张方式选择研究［J］. 世界经济，2008，31（8）：77－84.
［41］姜建军．资本结构对企业投资行为的影响：以制造业上市公司的固定资产投资为例［D］. 杭州：浙江大学，2004.

[42] 姜宁，胡翊肱．我国企业资产结构变化及其分析［J］．管理世界，2000（6）：188－189.
[43] 蒋瑜峰．会计信息质量与企业非效率投资研究［D］．武汉：华中科技大学，2010.
[44] 晋自力．财务战略：基于现代企业资本经营的新视野［M］．上海：上海财经大学出版社，2012.
[45] 靳庆鲁，孔祥，侯青川．货币政策、民营企业投资效率与公司期权价值［J］．经济研究，2012（5）：96－106.
[46] 李杰．投资结构论［D］．成都：四川大学，2002.
[47] 李锦，海萍，赵锋．社会主义市场经济中的资本经营［J］．发展论坛，1995（9）：27－28.
[48] 李军，肖金成．国有资本运营公司的绩效评价［J］．中国经贸导刊，2014（34）：64－66.
[49] 李俊青，韩其恒．不完全金融市场、海外资产结构与国际贸易［J］．经济研究，2011（2）：31－43.
[50] 李连军．会计制度变迁与政府治理结构［J］．会计研究，2007（6）：33－40，95.
[51] 李琦．基于经济增加值业绩评价的国有企业非效率投资治理研究［D］．大连：东北财经大学，2012.
[52] 李青原．会计信息质量、审计监督与公司投资效率：来自我国上市公司的经验证据［J］．审计研究，2009（4）：51，65－73.
[53] 李万福，林斌，宋璐．内部控制在公司投资中的角色：效率促进还是抑制？［J］．管理世界，2011（2）：81－99，188.
[54] 李维安，王世权．利益相关者治理理论研究脉络及其进展探析［J］．外国经济与管理，2007（4）：10－17.
[55] 李焰，秦义虎，张肖飞．企业产权、管理者背景特征与投资效率［J］．管理世界，2011（1）：135－144.
[56] 李玉平．资本经营会计论［M］．北京：中国财政经济出版社，2004.
[57] 李远勤，郭岚，张祥建．上市公司投资行为的结构与分布特征：基于大股东控制和成长能力的分析［J］．管理评论，2009，21（6）：38－49.
[58] 李芸达，范丽红，费金华．先投后融，抑或先融后投：基于对我国企

业产权制度的分析 [J]. 会计研究，2012 (1)：43 –50，97.
[59] 梁国萍. 江西省上市公司资本经营效率的研究 [J]. 经济研究参考，2003 (80)：38 –45.
[60] 林志扬，黄速建. 上市公司与企业存量资产结构调整 [J]. 中国工业经济，1997 (10)：10 –14.
[61] 林钟高，赵宏. 从契约经济学的角度看会计准则 [J]. 财贸研究，2000 (5)：21 –25.
[62] 刘昌国. 公司治理机制、自由现金流量与上市公司过度投资行为研究 [J]. 经济科学，2006 (4)：50 –58.
[63] 刘澄，徐明威，等. 投资行为学 [M]. 北京：经济管理出版社，2012.
[64] 刘峰，司世阳，路之光. 会计的社会功用：基于非历史成本研究的回顾 [J]. 会计研究，2009 (1)：36 –42，96.
[65] 刘泉军，张政伟. 会计准则引发的思考 [J]. 会计研究，2006 (3)：7 –10.
[66] 刘星，刘理，豆中强. 控股股东现金流权、控制权与企业资本配置决策研究 [J]. 中国管理科学，2010 (6)：147 –154.
[67] 刘星原. 企业制度创新：塑造国有企业的资本经营能力 [J]. 当代经济科学，1995 (4)：11 –16.
[68] 刘行，叶康涛. 企业的避税活动会影响投资效率吗？ [J]. 会计研究，2013 (6)：47 –53，96.
[69] 娄芳，李玉博，原红旗. 会计准则对现金股利和会计盈余关系影响的研究 [J]. 管理世界，2010 (1)：122 –132.
[70] 陆剑清，投资行为学 [M]. 北京：清华大学出版社，2012.
[71] 吕长江，巩娜. 股权激励会计处理及其经济后果分析：以伊利股份为例 [J]. 会计研究，2009 (5)：53 –61，97.
[72] 吕长江，张海平. 股权激励计划对公司投资行为的影响 [J]. 管理世界，2011 (11)：118 –126，188.
[73] 罗斌元. 会计信息质量对投资效率的影响研究 [D]. 天津：天津财经大学，2012.
[74] 罗付岩，沈中华. 股权激励、代理成本与企业投资效率 [J]. 财贸研究，2013 (2)：146 –156.

[75] 马国臣，李鑫，孙静．中国制造业上市公司投资：现金流高敏感性实证研究［J］．中国工业经济，2008（10）：109－118.

[76] 欧阳凌，欧阳令南，周红霞．股权“市场结构”、最优负债和非效率投资行为［J］．财经研究，2005，31（6）：107－119.

[77] 欧阳凌，欧阳令南，周红霞．股权制度安排、信息不对称与企业非效率投资行为［J］．当代经济科学，2005，27（4）：72－78.

[78] 潘淑娟，颜廷峰，潘婷．农村信用社资本、资产结构状况：安徽案例研究［J］．财贸研究，2005（6）：65－71.

[79] 钱雪松，邹薇．公司治理与企业资本配置研究：文献综述［J］．南大商学评论，2006（4）：133－155.

[80] 秦海林，门明．投资结构、对外开放与劳动力流动影响二元经济结构的实证研究［J］．财贸研究，2012（2）：15－24.

[81] 邱垂昌，蔡欣伶．台湾金融控股公司经营主体、多角化经营与经营效率之关联性研究：公司治理之角色［C］//中国会计学会，台湾政治大学．第四届海峡两岸会计学术研讨会：会计准则、内部控制与公司治理论文集，2012.

[82] 曲晓辉，陈瑜．会计准则国际发展的利益关系分析［J］．会计研究，2003（1）：45－51，65.

[83] 群山．企业经营战略最新动向与实践：美日企业由商品经营转向资本经营的启示［J］．对外经贸实务，1995（9）：38－40.

[84] 任春艳．从企业投资效率看盈余管理的经济后果：来自中国上市公司的经验证据［J］．财经研究，2012（2）：61－70.

[85] Scott W R. 财务会计理论［M］．陈汉文，等译．北京：机械工业出版社，2006.

[86] 邵军，刘志远．企业集团内部资本配置的经济后果：来自中国企业集团的证据［J］．会计研究，2008（4）：47－53，94.

[87] 申慧慧，于鹏，吴联生．国有股权、环境不确定性与投资效率［J］．经济研究，2012（7）：113－126.

[88] Siegel J G，Shim J K. 会计辞典［M］．储一昀，郁刚，林起联，译．上海：上海财经大学出版社，2007.

[89] 宋骁，贾兴飞．会计准则变革视角下企业经营方式转变研究［J］．中国

管理信息化，2014（14）：2-3.
[90] 宋在科，王柱．企业会计政策选择研究：基于利益相关者理论［J］．会计研究，2008（6）：39-45.
[91] 孙霭．公允价值信息的价值相关性［D］．大连：东北财经大学，2010.
[92] 孙枭飞，晏超．会计准则变革对股权资本成本的影响研究：基于会计敏感性和经济敏感性视角的实证检验［J］．财经问题研究，2015（2）：102-109.
[93] 孙铮，李增泉，王景斌．所有权性质、会计信息与债务契约：来自我国上市公司的经验证据［J］．管理世界，2006（10）：100-107，149.
[94] 田娟．会计准则制定的经济后果研究［D］．武汉：武汉大学，2009.
[95] 佟岩，魏素艳．环境变化与制度变迁的经济后果：会计理论探索与实践证据：中国会计学会高等工科院校分会2009年学术年会综述［J］．会计研究，2009（12）：88-90.
[96] 汪健，卢太平．会计准则与投资—现金流敏感性：来自A股上市公司的经验证据［J］．财贸研究，2013（3）：149-156.
[97] 汪同三，蔡跃洲．改革开放以来收入分配对资本积累及投资结构的影响［J］．中国社会科学，2006（1）：4-14，205.
[98] 汪洋，严军，马春光．中国企业对外直接投资过程中的价值侵蚀问题研究［J］．财政研究，2014（7）：41-44.
[99] 王佳杰，童锦治，李星．国企分红、过度投资与国有资本经营预算制度的有效性［J］．经济学动态，2014（8）：70-77.
[100] 王磊磊．趋同背景下的中国企业会计制度变迁研究［D］．北京：财政部财政科学研究所，2013.
[101] 王明虎．现行企业会计制度经济后果的思考［J］．经济管理，2003（15）：69-72.
[102] 王少飞，周国良，孙铮．政府公共治理、财政透明与企业投资效率［J］．审计研究，2011（4）：58-67.
[103] 王先庆．现代资本经营［M］．北京：经济管理出版社，2006.
[104] 王跃堂．经济后果学说对会计准则制定理论的影响［J］．财经研究，2000（8）：3-8.
[105] 王争，史晋川．中国私营企业的生产率表现和投资效率［J］．经济研

究，2008（1）：114－126，159.
[106] 王治．现金流、资本结构与企业投资行为：理论分析与经验证据[C]//中国管理现代化研究会．第三届（2008）中国管理学年会：人力资源管理与组织行为分会场论文集，2008.
[107] Watts R L，Zimmerman J L．实证会计理论［M］．陈少华，等译．大连：东北财经大学出版社，2012.
[108] 卫海社，杨金莲．根据制度变迁理论论我国会计准则的构建［J］．会计之友（旬刊），2004（12）：20－21.
[109] 魏明海．论优化资产结构［J］．会计研究，1994（1）：23－26.
[110] 吴光炳，胡逢吉．论国有总资本营运［J］．国有资产管理，1995（11）：15－18.
[111] 吴娅玲，刘斌．国外会计稳健实证研究的最新发展与启示［J］．管理世界，2009（6）：180－181.
[112] 肖泽忠．会计行为的经济后果与会计准则［J］．北京商学院学报，1994（2）：45－48.
[113] 谢平．中国金融资产结构分析［J］．经济研究，1992（11）：13，30－37.
[114] 辛清泉，林斌，王彦超．政府控制、经理薪酬与资本投资［J］．经济研究，2007（8）：110－122.
[115] 熊运莲．公允价值会计对企业投资行为异化和管理报酬契约设计的影响研究［D］．重庆：重庆大学，2009.
[116] 徐家军．资本利润与投资行为［J］．财经科学，1995（4）：46－47.
[117] 徐磊．中国上市公司的投资行为与效率研究［D］．上海：上海交通大学，2007.
[118] 徐宁，徐向艺．公司治理理论的演进趋势研究：基于经济学与法学的整合视角［J］．经济与管理研究，2009（12）：62－66.
[119] 徐维爽．会计准则实施机制研究［D］．泰安：山东农业大学，2008.
[120] 徐玉德，周玮．不同资本结构与所有权安排下的投资效率测度：来自我国A股市场的经验证据［J］．中国工业经济，2009（11）：131－140.
[121] 许可．中国企业资本配置效率研究［D］．武汉：武汉理工大学，

2010.
[122] 燕玲. 会计准则变革对企业债务融资的影响 [D]. 大连：东北财经大学，2013.
[123] 杨模荣. 会计准则下非经常性损益披露问题研究 [D]. 合肥：合肥工业大学，2008.
[124] 杨瑞龙，周业安. 论利益相关者合作逻辑下的企业共同治理机制 [J]. 中国工业经济，1998 (1)：38-45.
[125] 姚立杰，陈雪颖，周颖，陈小军. 管理层能力与投资效率 [J]. 会计研究，2020 (4)：100-118.
[126] 叶蓓，袁建国. 企业投资的行为公司财务研究综述 [J]. 会计研究，2007 (12)：76-81，97.
[127] 易纲. 中国金融资产结构分析及政策含义 [J]. 经济研究，1996 (12)：26-33.
[128] 于光远. 经济大辞典 [M]. 上海：上海辞书出版社，1991.
[129] 袁振超，饶品贵. 会计信息可比性与投资效率 [J]. 会计研究，2018 (6)：39-46.
[130] 袁知柱，吴粒. 会计信息可比性研究评述及未来展望 [J]. 会计研究，2012 (9)：9-15，96.
[131] 约翰·伊特韦尔，等. 新帕尔格雷夫经济学大辞典 [M]. 北京：经济科学出版社，1992.
[132] 伊丹敬之. 日本型コーポレートガバナンス Japanese Corporate Governance-従業員主権企業の論理と改革 [M]. 东京：日本经济新闻社，2000.
[133] 张纯，吕伟. 信息披露、信息中介与企业过度投资 [J]. 会计研究，2009 (1)：60-65，97.
[134] 张敦力，李琳. 会计稳健性的经济后果研究述评 [J]. 会计研究，2011 (7)：19-23.
[135] 张凤元. 上市公司价值与公允价值变动的相关性实证研究 [D]. 长春：吉林大学，2012.
[136] 张静娴. 我国商业银行稳定性及绩效的影响因素研究 [D]. 重庆：重庆大学，2014.

[137] 张利兵，吴冲锋．资本结构、股权融资和企业投资行为［J］．中国管理科学，2008（3）：157－163.

[138] 张前程．转型期中国投资行为的理论与实证研究［D］．天津：南开大学，2014.

[139] 张然，陆正飞，叶康涛．会计准则变迁与长期资产减值［J］．管理世界，2007（8）：77－84，139.

[140] 张然，张会丽．会计准则中合并报表理论变革的经济后果研究：基于少数股东权益、少数股东损益信息含量变化的研究［J］．会计研究，2008（12）：39－46，93－94.

[141] 张世贤．工业投资效率与产业结构变动的实证研究：兼与郭克莎博士商榷［J］．管理世界，2000（5）：79－85，115.

[142] 张世贤．论产业投资效率与结构变动方向［J］．中国工业经济，2002（12）：28－34.

[143] 张为国，翟春燕．上市公司变更募集资金投向动因研究［J］．会计研究，2005（7）：19－24，96.

[144] 张先治，崔莹．会计准则变革对企业投资行为的影响研究：基于资本经营视角［J］．财经问题研究，2015（11）：77－84.

[145] 张先治，傅荣，贾兴飞，晏超．会计准则变革对企业理念与行为影响的多视角分析［J］．会计研究，2014（6）：31－39，96.

[146] 张先治，贾兴飞．中国经济发展与会计标准变革历程研究［J］．常州大学学报（社会科学版），2013（1）：40－44.

[147] 张先治，林晓丹，贾兴飞．会计准则变革对企业经营机制的影响研究［J］．会计之友，2014（32）：97－101.

[148] 张先治．企业资本经营论［M］．北京：中国财政经济出版社，2001.

[149] 张先治．企业资本经营论——现代企业财务管理初探［M］．北京：中国财政经济出版社，2001.

[150] 张先治，石芯瑜．会计对国家治理的影响机理及改革思路：基于“五位一体”视角的探索［J］．会计研究，2018（11）：15－20.

[151] 张先治，项云，晏超．IFRS 在全球范围内实施的经济后果：基于可比性视角的文献综述［J］．会计之友，2015（10）：6－11.

[152] 张先治，晏超．会计准则变革的非预期效应理论框架构建［J］．会计

研究，2015（2）：4－12.
[153] 张先治，晏超．会计准则变革、资本成本与企业投资行为：基于资本资产定价模型的理论分析［J］．管理评论，2018，30（4）：206－218.
[154] 张先治，于悦．会计准则变革、企业财务行为与经济发展的传导效应和循环机理［J］．会计研究，2013（10）：3－12，96.
[155] 张中华．产业结构、投资结构决定的理论考察［J］．中南财经大学学报，1999（5）：15－23，118.
[156] 赵纯祥，张敦力．市场竞争视角下的管理者权力和企业投资关系研究［J］．会计研究，2013（10）：67－74，97.
[157] 甄红线，张先治，迟国泰．制度环境、终极控制权对公司绩效的影响：基于代理成本的中介效应检验［J］．金融研究，2015（12）：162－177.
[158] 郑苏晋．会计准则下寿险公司资产与负债管理研究［D］．天津：南开大学，2009.
[159] 郑新立．产业升级与投资结构调整［J］．中国工业经济，1999（4）：9－12.
[160] 中华人民共和国国务院发展研究中心实现第二步战略目标的结构分析课题组．我国未来十年的投资结构研究［J］．管理世界，1994（2）：35－39.
[161] 钟文．国有资本经营绩效评价研究［D］．成都：西南财经大学，2011.
[162] 周冬华．中国上市公司资产减值会计研究［D］．上海：复旦大学，2010.
[163] 周芳，张先治．会计准则变革对跨国直接投资的影响：以我国对外直接投资和外商直接投资为例［J］．财经论丛，2018（11）：64－73.
[164] 周建，汪伟．资本形成、投资效率与经济增长之间的动态相关性：来自中国1978～2004年数据的实证研究［J］．财经研究，2006（2）：78－89.
[165] 周夏飞．基于经济后果分析的资产证券化会计问题研究［J］．会计研究，2007（4）：41－46，95.
[166] 朱凯，赵旭颖，孙红．会计准则改革、信息准确度与价值相关性：

基于中国会计准则改革的经验证据 [J]. 管理世界, 2009 (4): 47 - 54.

[167] 朱松, 夏冬林. 稳健会计政策、投资机会与企业投资效率 [J]. 财经研究, 2010 (6): 69 - 79.

[168] Abel A B, Blanchard O J. An Intertemporal Model of Saving and Investment [J]. Econometrica, 1982, 51 (3): 675 - 692.

[169] Aghion P, Bolton P. An Incomplete Contracts Approach to Financial Contracting [J]. Review of Economic Studies, 1992, 59 (3): 473 - 494.

[170] Akerlof G A. The Market for "Lemons": Quality Uncertainty and the Market Mechanism [J]. Quarterly Journal of Economics, 1970: 488 - 500.

[171] Almeida H, Campello M. Financial Constraints, Asset Tangibility, and Corporate Investment [J]. Review of Financial Studies, 2006: 1429 - 1460.

[172] Almeida H, Campello M, Weisbach M S. The Cash Flow Sensitivity of Cash [J]. Journal of Finance, 2004, 59 (4): 1777 - 1804.

[173] Amir E, Guan Y, Oswald D. The Effect of Pension Accounting on Corporate Pension Asset Allocation [J]. Review of Accounting Studies, 2010, 15: 345 - 366.

[174] Audretsch D B, Elston J A. Does Firm Size Matter? Evidence on the Impact of Liquidity Constraints on Firm Investment Behavior in Germany [J]. International Journal of Industrial Organization, 2002, 20 (1): 1 - 17.

[175] Baber W R. The Effect of Concern about Reported Income on Discretionary Spending Decisions: The Case of Research and Development [J]. Accounting Review, 1991 (4): 818 - 829.

[176] Baliga B R, Moyer R C, Rao R S. CEO Duality and Firm Performance: What's the Fuss? [J]. Strategic Management Journal, 1996, 17 (1): 41 - 53.

[177] Beiner S, Schmid M M, Wanzenried G. Product Market Competition, Managerial Incentives and Firm Valuation [J]. Social Science Electronic Publishing, 2008, 17 (2): 331 - 366.

[178] Biddle G C, Hilary G. Accounting Quality and Firm-Level Capital Invest-

ment [J]. Accounting Review, 2011, 81 (5): 963 -982.

[179] Biddle G C, Hilary G, Verdi R S. How Does Financial Reporting Quality Relate To Investment Efficiency? [J]. Social Science Electronic Publishing, 2009, 48: 112 -131.

[180] Biddle G, Hilary G. How Does Accounting Quality Improve Investment Efficiency [R]. Unpublished Working Paper, Hong Kong University of Science and Technology, 2006.

[181] Bodie Z, Kane A, Marcus A. Investments [M]. 9th ed. McGraw-Hill, 2010.

[182] Bo H. Herding in Corporate Investment: UK Evidence [Z]. Manuscript. Department of Financial & Management Studies, SOAS, University of London, 2006.

[183] Bo H, Li T, Sun Y. Board Attributes and Herding in Corporate Investment: Evidence from Chinese-Listed Firms [J]. The European Journal of Finance, 2016, 22 (4 -6): 432 -462.

[184] Bond S, Meghir C. Dynamic Investment Models and the Firm's Financial Policy [J]. Cepr Financial Markets Paper, 1994, 61 (2): 197 -222.

[185] Bondt W F M D, Thaler R H. Further Evidence on Investor Overreaction and Stock Market Seasonality [J]. Journal of Finance, 1987, 42 (3): 557 -581.

[186] Brainard W C, Tobin J. Pitfalls in Financial Model Building [J]. The American Economic Review, 1968, 58 (2): 99 -122.

[187] Brambor T, Clark W R, Golder M. Understanding Interaction Models: Improving Empirical Analyses [J]. Political Analysis, 2005, 14 (1): 63 -82.

[188] Brüggemann U, Hitz J, Sellhorn T. Intended and Unintended Consequences of Mandatory IFRS Adoption: A Review of Extant Evidence and Suggestions for Future Research [J]. European Accounting Review, 2012, 22 (1): 1 -37.

[189] Brochet F, Jagolinzer A D, Riedl E J. Mandatory IFRS Adoption and Financial Statement Comparability [J]. Contemporary Accounting Research,

2013, 30 (4): 1373 - 1400.

[190] Bushee B J. The Influence of Institutional Investors on Myopic R&D Investment Behavior [J]. The Accounting Review, 1998, 73 (3): 305 - 333.

[191] Butar S B. IFRS Adoption in Indonesia and Its Implication on the Relationship Between Ownership Structure and Investment Efficiency [J]. Advanced Science Letters, 2017, 23 (8): 7278 - 7280.

[192] Callao S, Jarne J I, Laínez J A. Adoption of IFRS in Spain: Effect on the Comparability and Relevance of Financial Reporting [J]. Journal of International Accounting Auditing & Taxation, 2007, 16: 148 - 178.

[193] Chen C W, Collins D W, Kravet T, et al. Financial Statement Comparability and the Efficiency of Acquisition Decisions [J]. Contemporary Accounting Research, 2018, 35 (1): 164 - 202.

[194] Chen C, Young D, Zhuang Z. Externalities of Mandatory IFRS Adoption: Evidence from Cross-Border Spillover Effects of Financial Information on Investment Efficiency [J]. Accounting Review, 2013, 88 (3): 881 - 914.

[195] Christensen H B, Lee E, Walker M. Cross-Sectional Variation in the Economic Consequences of International Accounting Harmonization: The Case of Mandatory IFRS Adoption in the UK [J]. International Journal of Accounting, 2007, 42 (4): 341 - 379.

[196] Christensen H B, Lee E, Walker M. Do IFRS Reconciliations Convey Information? The Effect of Debt Contracting [J]. Journal of Accounting Research, 2009, 47 (5): 1167 - 1199.

[197] Chua Y, Cheong C, Gould G. The Impact of Mandatory IFRS Adoption on Accounting Quality: Evidence from Australia [J]. Accounting Horizons, 2012, (1): 119 - 146.

[198] Coase R H. The Nature of the Firm [J]. Economica, 1937, 4 (16): 386 - 405.

[199] Coase R H. The Problem of Social Cost [J]. Journal of Law and Economics, 1960 (3): 1 - 44.

[200] Coen R M. Investment Behavior, The Measurement of Depreciation, and Tax Policy [J]. American Economic Review, 1975, 65: 59 - 74.

[201] Cook D C, Orden A C V, Carpio J J, et al. Atmospheric Corrosion in the Gulf of México [J]. Hyperfine Interactions, 1998, 113 (1-4): 319-329.

[202] Cook D O, Tang T. Macroeconomic Conditions and Capital Structure Adjustment Speed [J]. Journal of Corporate Finance, 2010, 16 (1): 73-87.

[203] Coomar P C, Kheswar J. Internal Financial Markets and Corporate Investment Strategies in Africa: A Case Study of Mauritius [J]. The Review of Finance and Banking, 2016, 8 (1): 7-20.

[204] Daske H, Hall L, Leuz C, Verdi R. Mandatory IFRS Reporting around the World: Early Evidence on the Economic Consequences [J]. Journal of Accounting Research, 2008, 46 (5): 1085-1142.

[205] Defond M, Hu X, Hung M, et al. The Impact of Mandatory IFRS Adoption on Foreign Mutual Fund Ownership: The Role of Comparability [J]. Journal of Accounting & Economics, 2011, 51 (3): 240-258.

[206] Demaria S. Les choix d'options comptables lors de la première application des normes IAS/IFRS: Observation et compréhension des choix effectués par les groupes français [R]. Bibliogr, 2008.

[207] Dhrymes P J, Kurz M. Investment, Dividend, and External Finance Behavior of Firms [M]. National Bureau of Economic Research, Inc, 1967.

[208] Donaldson G, Stone N D. Managing Corporate Wealth: The Operation of a Comprehensive Financial Goals System [M]. New York: Praeger, 1984.

[209] Du J. Research about the Influence of Transparency of Accounting Information on Corporate Investment Efficiency [J]. Journal of Chemical and Pharmaceutical Research, 2014.

[210] Eisner R, Nadiri M I. Investment Behavior and Neo-Classical Theory [J]. Review of Economics & Statistics, 1968, 50 (3): 369-382.

[211] Elliott J W. Theories of Corporate Investment Behavior Revisited [J]. American Economic Review, 1973, 63 (1): 195-207.

[212] Epstein B J. The Economic Effects of IFRS Adoption [J]. Cpa Journal, 2009, 79 (3): 26-31.

[213] Ewert R, Wagenhofer A. Economic Effects of Tightening Accounting Standards to Restrict Earnings Management [J]. The Accounting Review, 2005, 80 (4): 1101 -1124.

[214] Fama E F, Jensen M C. Separation of Ownership and Control [J]. Journal of Law and Economics, 1983, 26 (6): 301 -325.

[215] Fayol H. General and Industrial Administration [M]. Garcia-Alvarez, 1949.

[216] Fazzari S M, Glenn Hubbard R, Petersen B C. Financing Constraints and Corporate Investment [J]. Brookings Papers on Economic Activity, 1988, 20 (1): 141 -206.

[217] Flannery M J, Rangan K P. Partial Adjustment Toward Target Capital Structures [J]. Journal of Financial Economics, 2006, 79 (3): 469 -506.

[218] Freeman R E, Evan W M. Corporate Governance: A Stakeholder Interpretation [J]. Journal of Behavioral Economics, 1990, 19 (4): 337 -359.

[219] Gastón S C, García C F, Jarne J I J, et al. IFRS Adoption in Spain and the United Kingdom: Effects on Accounting Numbers and Relevance [J]. Advances in Accounting, 2010, 26 (2): 304 -313.

[220] Gordon L A, Loeb M P, Zhu W. The Impact of IFRS Adoption on Foreign Direct Investment [J]. Journal of Accounting & Public Policy, 2012, 31 (4): 374 -398.

[221] Gordon R H, Li W. Chinese Enterprise Behavior under the Reforms [J]. American Economic Review, 1991, 81: 202 -206.

[222] Goyal V K, Park C W. Board Leadership Structure and CEO Turnover [J]. Journal of Corporate Finance, 2002, 8 (1): 49 -66.

[223] Greenwald B, Stiglitz J E, Weiss A. Informational Imperfections in the Capital Market and Macroeconomic Fluctuations [J]. The American Economic Review, 1984: 194 -199.

[224] Grinblatt M, Keloharju M. The Investment Behavior and Performance of Various Investor Types: A Study of Finland's Unique Data Set [J]. Social Science Electronic Publishing, 2000, 55 (99): 43 -67.

[225] Guay W. Discussion of Value Investing: The Use of Historical Financial

Statement Information to Separate Winners from Losers [J]. Journal of Accounting Research, 2000, 38 (2): 43 -51.

[226] Guerreiro M S, Rodrigues L L, Craig R. Voluntary Adoption of International Financial Reporting Standards by Large Unlisted Companies in Portugal: Institutional Logics and Strategic Responses [J]. Accounting Organizations & Society, 2012, 37 (7): 482 -499.

[227] Gujarati D N, Damodar N. Basic Econometrics [M]. 4th ed. McGraw-Hill, 2003.

[228] Gujarati D N. Econometrics by Example [M]. Palgrave Macmillan, 2011.

[229] Hall R E, Jorgenson D W. Tax Policy and Investment Behavior [J]. American Economic Review, 1967, 57 (3): 391 -414.

[230] Hall R E, Jorgenson D W. Tax Policy and Investment Behavior: Reply and Further Results. [J]. American Economic Review, 1969, 59 (3): 388 -401.

[231] Hamberg M, Mavruk S, Sjögren S. Investment Allocation Decisions, Home Bias and the Mandatory IFRS Adoption [J]. Journal of International Money & Finance, 2013, 36 (9): 107 -130.

[232] Harlow W V. Asset Allocation in a Downside-Risk Framework [J]. Financial Analysts Journal, 1991 (5): 28 -40.

[233] He X, Wong T J, Young D. Challenges for Implementation of Fair Value Accounting in Emerging Markets: Evidence from China [J]. Contemporary Accounting Research, 2011, 29 (2): 538 -562.

[234] Horton J, Serafeim G, Serafeim I. Does Mandatory IFRS Adoption Improve the Information Environment? [J]. Contemporary Accounting Research, 2013, 30 (1): 388 -423.

[235] Hou Q, Jin Q, Wang L, et al. Mandatory IFRS Adoption, Accounting Quality, and Investment Efficiency: Evidence from China [J]. China Journal of Accounting Studies, 2016, 4 (3): 236 -262.

[236] Jr Bierman H. Investment Decisions and Taxes [J]. Accounting Review, 1970.

[237] Jackson S B. The Effect of Firms' Depreciation Method Choice on Managers'

Capital Investment Decisions [J]. Accounting Review, 2008 (2): 351 - 376.

[238] Jaffee D M, Russell T. Imperfect Information, Uncertainty, and Credit Rationing [J]. The Quarterly Journal of Economics, 1976, 90 (4): 651 - 666.

[239] Jensen M C. Agency Costs of Free Cash Flow, Corporate Finance, and Takeovers [J]. The American Economic Review, 1986, 76 (2): 323 - 329.

[240] Jensen M C, Meckling W H. Theory of the Firm: Managerial Behavior, Agency Costs and Ownership Structure [J]. Rochester Studies in Economics & Policy Issues, 1976 (3): 305 - 360.

[241] Jensen M C, Meckling W H. Theory of the Firm: Managerial Behavior, Agency Costs, and Ownership Structure [M]. Springer Netherlands, 1979.

[242] Jensen M C. The Modern Industrial Revolution, Exit, and the Failure of Internal Control Systems [J]. Journal of Finance, 1993, 48 (3): 831 - 880.

[243] 加賀谷哲之. How Does Convergence Toward International Pension Accounting Standards Affect Corporate Pension Investment in Japan? [J]. 証券アナリストジャーナル, 2013, 51: 6 - 15.

[244] Joel G. Siegel, Jae K. Shim. Dictionary of Accounting Terms [M]. Barryon's Educational Series, Inc, 2000.

[245] Jorgenson D. The Theory of Investment Behavior [M]. National Bureau of Economic Research, Inc, 1967.

[246] Jorgenson D W. Capital Theory and Investment Behavior [J]. American Economic Review, 1963, 53 (2): 247 - 259.

[247] Jorgenson D W. Econometric Studies of Investment Behavior: A Survey [J]. Journal of Economic Literature, 1971, 9 (4): 1111 - 1147.

[248] Jorgenson D W, Siebert C D. A Comparison of Alternative Theories of Corporate Investment Behavior [J]. American Economic Review, 1968, 58 (4): 681 - 712.

[249] Jorgenson D W, Siebert C D. Optimal Capital Accumulation and Corporate Investment Behavior [J]. Journal of Political Economy, 1968, 76 (6): 1123-1151.

[250] Jorgenson D W, Stephenson J A. Investment Behavior in U. S. Manufacturing, 1947-1960 [J]. Econometrica, 1967 (2): 169.

[251] Jorgenson D W, Stephenson J A. The Time Structure of Investment Behavior in United States Manufacturing, 1947-1960 [J]. Review of Economics and Statistics, 1967, 49 (1): 16-27.

[252] Kahneman D, Riepe M W. Aspects of Investor Psychology [J]. The Journal of Portfolio Management, 1998, 24 (4): 52-65.

[253] Keynes J M. Essays in Persuasion [M]. W. W. Norton & Company, 1963.

[254] Khurana I K, Michas P N. Mandatory IFRS Adoption and the U. S. Home Bias [J]. Accounting Horizons, 2011, 25 (4): 729-753.

[255] Kim M, Ritter J R. Valuing IPOs [J]. Journal of Financial Economics, 1999, 53 (29): 409-437.

[256] Kim Y, Li H, Li S. Does Eliminating the Form 20-F Reconciliation from IFRS to U. S. GAAP Have Capital Market Consequences? [J]. Social Science Electronic Publishing, 2011, 53 (1-2): 249-270.

[257] Klein A. Firm Performance and Board Committee Structure [J]. Journal of Law and Economic, 1998, 41 (1): 275-304.

[258] Le Bon G. The Crowd: A Study of the Popular Mind [M]. Liberty Fund, Inc., 1895.

[259] Landsman W R, Maydew E L, Thornock J R. The Information Content of Annual Earnings Announcements and Mandatory Adoption of IFRS [J]. Journal of Accounting & Economics, 2011, 53: 34-54.

[260] Lang L H P, Stulz R M, Walkling R A. Managerial Performance, Tobin's Q, and the Gains from Successful Tender Offers [J]. Social Science Electronic Publishing, 1989, 24 (89): 137-154.

[261] La Porta R, Lopez-de-Silanes F, Shleifer A, et al. Investor Protection and Corporate Governance [J]. Journal of Financial Economics, 2000, 58 (12): 3-27.

[262] Lawrence H. Summers, Inflation, Taxation, and Corporate Investment: A q-Theory Approach [J]. General Information, 1980, 12 (1): 67 - 140.

[263] Lipton M, Lorsch J W. A Modest Proposal for Improved Corporate Governance [J]. Business Lawyer, 1992, 48 (1): 59 - 77.

[264] Liu C, Yao L J, Hu N, et al. The Impact of IFRS on Accounting Quality in a Regulated Market [J]. Journal of Accounting Auditing & Finance, 2011, 26: 659 - 676.

[265] Lorsch J W, Lipton M. On the Leading Edge: The Lead Director [J]. Harvard Business Review, 1993, 71: 79 - 80.

[266] Love I, Zicchino L. Financial Development and Dynamic Investment Behavior: Evidence from Panel VAR [J]. Quarterly Review of Economics & Finance, 2006, 46 (2): 190 - 210.

[267] Lucas R E. Adjustment Costs and the Theory of Supply [J]. The Journal of Political Economy, 1967, 75 (4): 321 - 334.

[268] Mackay C. Extraordinary Popular Delusions and the Madness of Crowds [M]. Liberty Fund, Inc, 1841.

[269] Mautz R K. The Case for Professional Education in Accounting [C]// Schools of Accountancy: A Look at the Issues: Papers, Panelists' Comments, and Discussions, 1975: 23 - 35.

[270] Modigliani F, Miller M H. The Cost of Capital [J]. Corporation Finance & the Theory of Investment the American Economic Review, 1958, 37 (2): 326 - 361.

[271] Muller K A, Riedl E J, Sellhorn T. Consequences of Voluntary and Mandatory Fair Value Accounting: Evidence Surrounding IFRS Adoption in the EU Real Estate Industry [R]. Harvard Business School Working Papers, 2008.

[272] Myers S C, Majluf N S. Corporate Financing and Investment Decisions When Firms Have Information That Investors Do Not Have [J]. Journal of Financial Economics, 1984, 13 (2): 187 - 221.

[273] Myers S C. Still Searching For Optimal Capital Structure [J]. Journal of Ap-

plied Corporate Finance, 1993, 6 (1): 4 -14.

[274] Myers S C. The Capital Structure Puzzle [J]. Journal of Finance, 1984, 39 (3): 575 -592.

[275] Nellessen T, Zuelch H. The Reliability of Investment Property Fair Values Under Ifrs [J]. Journal of Property Investment & Finance, 2011, 29 (1): 59 -73.

[276] Newell A, Simon H A. Human problem solving [M]. Englewood Cliffs, NJ: Prentice-Hall, 1972.

[277] North D C. Institutional Change: A Framework of Analysis [Z]. Economic History, 1993.

[278] North D C. Structure and Change in Economic History [M]. W. W. Norton & Company, 1981.

[279] Ocasio W. Political Dynamics and the Circulation of Power: CEO Succession in U. S. Industrial Corporations, 1960—1990 [J]. Administrative Science Quarterly, 1994, 39 (2): 285 -312.

[280] Odean T. Are Investors Reluctant to Realize Their Losses? [J]. The Journal of finance, 1998, 53 (5): 1775 -1798.

[281] Ozkan N, Singer Z, You H. Mandatory IFRS Adoption and the Contractual Usefulness of Accounting Information in Executive Compensation [J]. Journal of Accounting Research, 2012, 50 (4): 1077 -1107.

[282] Palgrave L, York N. The General Theory of Employment Interest and Money [J]. Foreign Affairs, 1936, 51 (6): 654 -656.

[283] Polk C, Sapienza P. The Stock Market and Corporate Investment: A Test of Catering Theory [J]. Review of Financial Studies, 2009, 22 (1): 187 -217.

[284] Poterba J M, Summers L H. Dividend Taxes, Corporate Investment, and ‘Q’ [J]. Nber Working Papers, 1983, 22 (83): 135 -167.

[285] Prahalad C K, Hamel G. The Core Competence of the Corporation [J]. Management, Strategic Management Journal, 1990, 35 (3): 3 -22.

[286] Rappaport J. Community Psychology: Values, Research, and Action [M]. New York: Holt, Rinehart and Winston, 1977.

[287] Richardson S. Over-Investment of Free Cash Flow [J]. Review of Accounting Studies, 2006, 11 (2-3): 159-189.

[288] Robbins S P, Judge T A. Essentials of Organizational Behavior [J]. Prentice Hall Essentials of Management, 1992, 24 (6): 329-330.

[289] Robbins S P. Management [M]. 9th ed. Prentice Hall, 2006.

[290] Robert J. Shiller, Irrational Exuberance [M]. Princeton University Press, 2000.

[291] Robert J. Shiller, Market Volatility [M]. MIT Press, 1989.

[292] Schleicher T, Tahoun A, Walker M. IFRS Adoption in Europe and Investment-Cash Flow Sensitivity: Outsider Versus Insider Economies [J]. International Journal of Accounting, 2010, 45 (2): 143-168.

[293] Scott W R. Financial Accounting Theory [M]. Upper Saddle River, NJ: Prentice Hall, 1997.

[294] Shiller R J, Campbell J Y, Schoenholtz K L, et al. Forward Rates and Future Policy: Interpreting the Term Structure of Interest Rates [R]. Brookings Papers on Economic Activity, 1983: 173-223.

[295] Shiller R J. Macro Markets: Creating Institutions for Managing Society's Largest Economic Risks [M]. Oxford University Press, 1998.

[296] Shiller R J. Measuring Asset Values for Cash Settlement in Derivative Markets: Hedonic Repeated Measures Indices and Perpetual Futures [J]. Journal of Finance, 1993, 48 (3): 911-931.

[297] Shleifer A, Vishny R W. The Limits of Arbitrage [J]. Journal of Finance, 1997, 52 (1): 35-55.

[298] Simon H A. Administrative Behavior [M]. New York: Free Press, 1965.

[299] Simon H A. Theories of Bounded Rationality [J]. Decision and organization, 1972 (1): 161-176.

[300] Spies F F, Wilhelm D B. A Critical Analysis of US Real Estate Appraisal Methods when Used for Financial Reporting According to the International Financial Reporting Standards (IFRS) [C]//11th Annual Conference of the Pacific Rim Real Estate Society, 2005.

[301] Stiglitz J E, Weiss A. Credit Rationing in Markets with Imperfect Informa-

tion [J]. The American Economic Review, 1981, 71 (3): 393 -410.

[302] Stiglitz J E, Weiss A. Incentive Effects of Terminations: Applications to The Credit and Labor Markets [J]. The American Economic Review, 1983, 73 (5): 912 -927.

[303] Strong J S, Meyer J R. Sustaining Investment, Discretionary Investment, and Valuation: A Residual Funds Study of the Paper Industry [C]//Sustaining Investment, Discretionary Investment, and Valuation: A Residual Funds Study of the Paper Industry. National Bureau of Economic Research, Inc, 1990: 127 -148.

[304] Suzuki T. Accountics: Impacts of Internationally Standardized Accounting on the Japanese Socio-Economy [J]. Social Science Electronic Publishing, 2007, 32 (3): 263 -301.

[305] Suzuki T. The Accounting Figuration of Business Statistics As a Foundation for The Spread of Economic ideas [J]. Accounting Organizations & Society, 2003, 28 (1): 65 -95.

[306] Tan H, Wang S, Welker M. Foreign Analyst Following and Forecast Accuracy around Mandated IFRS Adoptions [J]. Journal of Accounting Research, 2009, 49 (5): 1307 -1357.

[307] Thaler R H. Amomalies: The January Effect [J]. The Journal of Economic Perspectives, 1987, 1 (1): 197 -201.

[308] Thaler R. Toward a Positive Theory of Consumer Choice [J]. Journal of Economic Behavior & Organization, 1980, 80 (1): 39 -60.

[309] Tobin J. A General Equilibrium Approach To Monetary Theory [J]. Journal of Money Credit & Banking, 1969, 1 (1): 15 -29.

[310] Treadway A B. On Rational Entrepreneurial Behaviour and the Demand for Investment [J]. The Review of Economic Studies, 1969, 36 (2): 227 -239.

[311] Verdi R. Financial Reporting Quality and Investment Efficiency [J]. Dissertation Abstracts International, 2006, 67 -12 (A): 4602.

[312] Verdi R S. Financial Reporting Quality and Investment Efficiency [R]. Social Science Electronic Publishing, Working Paper, 2006.

[313] Verriest A, Gaeremynck A, Thornton D. Corporate Governance and Properties of IFRS Adoption [C]//2010 INTACCT Meeting, The Workshop Participants at Tilburg University and the Katholieke Universiteit, The INTACCT Research Network, 2010: 1-52.

[314] Voulgaris G, Stathopoulos K, Walker M. IFRS and The Use of Accounting-Based Performance Measures in Executive Pay [R]. The International Journal of Accounting, 2014, 49 (4): 479-514.

[315] Wang D H. Corporate Investment, Financing, and Dividend Policies in The High-Tech Industry [J]. Journal of Business Research, 2010, 63 (5): 486-489.

[316] Watts R L, Zimmerman J L. Positive Accounting Theory: A Ten Year Perspective [J]. Accounting review, 1990, 65 (1): 131-156.

[317] Watts R L, Zimmerman J L. Positive Accounting Theory [J]. Social Science Electronic Publishing, 1986, 14 (5): 455-468.

[318] Williamson O E. Corporate Finance and Corporate Governance [J]. Journal of Finance, 1988, 43 (3): 567-591.

[319] Zechner J, Heinkel R, Kraus A. The Effect of Green Investment on Corporate Behavior [J]. Journal of Financial & Quantitative Analysis, 2001, 36 (4): 431-449.

[320] Zeff S A. The Rise of Economic Consequences [J]. Institute of Certified Public Accountants, 1978 (12): 56-63.

[321] Zhang G. Accounting Standards, Cost of Capital, Resource Allocation, and Welfare in a Large Economy [J]. Accounting Review, 2013, 88 (4): 1459-1488.

[322] Zhang X Z, Cui Y. An Innovative System of Internal Reports based on Capital Operation Mode in Chinese Enterprises [C]. Proceedings of the 7th (2015) International Conference on Financial Risk and Corporate Finance Management, 2015.